シリーズ　話し合い学をつくる　2

話し合い研究の多様性を考える

村田和代　編

ひつじ書房

はしがき

『シリーズ　話し合い学をつくる』第2巻をお届けします。第1巻では、市民参加の話し合いの現状と課題について論じました。第2巻では、シリーズ名である「話し合い学」について詳しく論じ、「話し合い学」が射程とする研究領域からの論文を掲載しています。

　近年、話し合いは課題解決の重要なファクターとして注目されるようになり、社会の様々な分野で話し合いの実践が取り入れられるようになってきた。それに伴い、多様な関係者による話し合いの機会は増え、話し合いが身近になってきました。一方で、話し合いの形骸化も進んできています。このような状況下で、あらためて「話し合い」を多面的・多層的に研究する意義があるのではないかという思いから、編者は、専門領域を超えた共同研究を進めてきました。そして、共同研究で見出した話し合いに関する研究の結集と体系化、すなわち「話し合い学」というアイディアについてさらに議論を深めるために、2016年3月にラウンドテーブル「『話し合い学』構築をめざして」（於：龍谷大学、主催：龍谷学地域公共人材・政策開発リサーチセンター（LORC））を開催しました[1]。本書はこのラウンドテーブルをベースにしています。

　ラウンドテーブルでは、多様な領域からの研究・実践報告を通して、「話し合い学」とは何かや「話し合い学」の必要性について議論しました。「話し合い学」は、ミクロ（話し合いのメカニズムの解明）、メゾ（協働／連携プラットフォームとしての話し合い実践のモデル化）、マクロ（話し合いを組み込む社会環境・理念の追求）の3層から構成されます。第1章では、あらた

めてこれからの地域社会に求められる「話し合い」を再定義したうえで、「話し合い学」を構成するミクロ、メゾ、マクロのそれぞれの層が射程とする研究領域や研究テーマについて論じています。そして、各章の概要を 3 層に対応させながら紹介しています。最初に一読いただければ幸いです。

　本書の出版は、京都地域創造基金「言語と未来基金」の助成により実現しました[2]。本助成申請にお声がけいただいたのは当基金創設者の深尾昌峰氏です。ここに記して感謝申し上げます。そして、分野を超えた研究を支援し、今回の出版につながるラウンドテーブルの開催を支えていただいた LORC センター長の白石克孝氏、LORC 運営会議メンバーの皆様にあらためてお礼申し上げます。本シリーズの構想は、井関崇博氏、森本郁代氏、佐野亘氏との共同研究から生まれました。切磋琢磨できる研究仲間に恵まれたことを嬉しく、そして誇りに思います。最後になりましたが、本書の出版を勧めてくださったひつじ書房の松本功社長に深くお礼申し上げます。それぞれの執筆者の原稿を細かくチェックいただいた編集の丹野あゆみさんにも心から感謝いたします。

2018 年盛夏　　京都にて

村田　和代

注

1　本書の研究の一部は、文部科学省私立大学戦略的研究基盤形成支援事業（平成 26 年～平成 30 年）により行われた。

2　https://www.plus-social.jp/

目　次

はしがき　　　　　　　　　　　　　　　　　　　　　　　　iii

第 1 章　話し合い学の領域と研究課題
　　村田和代・井関崇博 ··· 1

第 2 章　意見交換と教育のあいだ
　　　　　—「話し合い」の中の諸活動
　　小宮友根 ·· 21

第 3 章　量的分析に基づくファシリテーターの特性推定
　　森　篤嗣 ·· 39

第 4 章　話し合いに影響する心理的要因と
　　　　　裁判員模擬評議における合意の形成過程
　　荒川　歩 ·· 53

第 5 章　地域イノベーションの生成と「話し合い」
　　杉山武志 ·· 65

第 6 章　WTC テロ直後から跡地利用計画案決定に
　　　　　至る市民による「話し合い」のプロセス
　　青山公三 ·· 91

第7章 学校教育における「話し合い」能力の育成にむけて
　　　　　―東京学芸大学附属高等学校における科目間連携の取り組みから
　　加納隆徳 ……………………………………………………………… 107

第8章 自治体審議会は市民と自治体の
　　　　「話し合いの場」となるか
　　　　　―実りある「話し合いの場」のデザインをめぐって
　　土山希美枝 …………………………………………………………… 125

第9章 プラーヌンクスツェレの「話し合い」と
　　　　「公共形成権」への展望
　　篠藤明徳 ……………………………………………………………… 151

第10章 感情ヒューリスティックスとミニ・パブリックス
　　　　　―Web DP 実験からの考察
　　坂野達郎 ……………………………………………………………… 169

第11章 妥協を正しく位置づける
　　佐野亘 ………………………………………………………………… 191

第12章 「主体的」ではない熟議のために
　　　　　―予備的考察
　　田村哲樹 ……………………………………………………………… 211

執筆者紹介　　　　　　　　　　　　　　　　　　　　　　　227

第1章

話し合い学の領域と研究課題

村田和代・井関崇博

私と話し合いとのかかわり

　村田の専門は社会言語学です。ニュージーランドのヴィクトリア大学言語学科へ留学した際に職場談話研究プロジェクトでビジネス・ミーティングの日英語比較の研究をする機会を得、言語研究の成果を実社会に還元する研究メンバーの姿勢に感動し、私も何かできるかもしれないと思いました。ミーティング談話の研究をしているご縁で、まちづくりの話し合いの現場に伺いました。ビジネス・ミーティングの言語的ふるまいと異なっていて、おもしろいなあ、と思ったのが話し合い研究をするようになったきっかけです。

　井関が大学院生だった 1990 年代後半、日本では開発か保全かというような、地域を二分する社会問題に関する話し合いが各所で開かれていました。そこで目指されていたのは、膠着を乗り越え一歩でも前に進むための合意形成でした。その後、話し合いに関心を持ち続けた中で話し合いに託されるのは合意形成だけではないことを知りました。見えてきたのは、社会の変化とともに求められる話し合いの形が変わってくるということ。ならば、話し合いの形を変えれば社会を変えられるのではないか、そのような期待をこめて研究を続けています。

要旨

　イントロダクションである本章では、まず、社会課題の解決に向けた話し合いをめぐる時代的背景や、話し合いの形骸化という現状の課題を紹介する。そして、あらためてこれからの地域社会に求められる「話し合い」を再定義したうえで、領域を超えた学術的研究の総体である「話し合い学」を提案する。話し合い学を構成するのは、ミクロ(話し合いのメカニズムの解明)、メゾ(協働/連携プラットフォームとしての話し合い実践のモデル化)、マクロ(話し合いを組み込む社会環境・理念の探求)の3層である。最後に、これら3層に対応させながら各章を紹介する。

1. 話し合いが必要とされる時代的背景

　言葉を使って考えや想いを伝え合い、何らかの課題を解決していくという営みは人間にとって極めて基本的で、日常的なものである。その営みが1990年代から社会課題解決の重要なファクターとして改めて注目されるようになった。この時期、社会の様々な分野で「話し合い」という相互行為が重視され実践されるようになるのである。

　都市計画・まちづくりの分野では1980年代後半から行政が都市インフラを計画し、それを公共事業や規制を通して実現していくという行政主導の都市計画が行き詰まりをみせるようになり、それに代わって1990年代からそのオルタナティブとして住民参加のまちづくりが登場するようになった。ここで重視されたのが多様な関係者の参加と話し合いであった。そして、このような営みを支えるために地区計画制度などが創設された。

　環境分野でもほぼ同じ時期に同様の流れが生まれる。1990年代から環境問題は環境か開発かという二項対立を超えて、持続可能な社会を構築することが目指されるようになり、そのためには行政や技術者だけでなく多様な主体の参加とパートナーシップが不可欠とされた。このパートナーシップを支える営みが話し合いだった。そして、関係者間の話し合いを支える制度として、たとえば1997年に環境アセスメント制度が導入された。

　科学技術の分野では、1990年前後から原子力発電、臓器移植、遺伝子操作技術など、科学者だけでは解決できない問題、あるいは科学者だけで答えを出すべきでない問題が浮上する中で、西欧諸国において科学者と市民の間のコミュニケーション、あるいは、専門性の高いテーマについて市民同士で話し合う試みが模索されるようになった。1985年にデンマークで開発され、各国で実施されるようになったコンセンサス会議はその例である。

　政治・行政の分野では、1990年代に多くの公共事業が反対運動によって阻止されるようになった。一部の有力者や行政官のみで事業を進めるのではなく、情報を共有し、オープンに議論して合意形成を目指す行政スタイルが模索されるようになった。ヨーロッパで誕生したコンセンサス会議が日本に

紹介され、熟議という考え方が広く浸透するようになるのもこの時期である。そして、話し合いの前提となる手続きや情報を整えるための行政手続法、情報公開法、自治基本条例などが整備された。

　司法の分野では、司法制度改革の一環で1990年代末から裁判員制度の導入が審議されるようになり、2009年から施行された。これは国民が裁判員として刑事裁判に参加し、被告人が有罪かどうか、有罪の場合どのような刑にするかを裁判官と一緒に決める制度で、これまで法律の専門家に支配されていた裁判に市民の感覚や常識を反映するとともに、国民の司法に対する理解と信頼を高めるために導入された。この中に一般の国民が裁判官とともに事件について話し合う評議とよばれるプロセスが含まれるのである。

　教育分野では1990年代から、社会や国語といった科目の中でディベートが取り入れられるようになった。教育ディベートとは単純に答えの出せない争点について、賛成と反対の立場に分かれて主張を展開しあうことを通して、論理的思考を育成し、双方がより深い理解に到達しようとする教育方法である。それまでは、教師が生徒に教えるという一方通行の教育方法が主であったが、1990年代から、グループで学生同士が学びあうアクティブラーニングが重視されるようになってきた。ディベート自体は話し合いと必ずしも同質とは言えないであろうが(本章3.参照)、複数のメンバーでものごとを考えていくプロセスは話し合いにつながる。

　社会の様々な分野で話し合いが注目されるようになる中で、話し合いの質を高めていくための考え方や技術も洗練されていった。1990年代の前半からまちづくりの分野でワークショップやファシリテーションといった用語が使われるようになり、それらの方法論が体系化され、とりわけ参加者の対等性や本質的な学習、モチベーション、創造性などが重視された。現在ではこれらの体系を身につけたファシリテーターという専門職が各所で活躍するようになっている。

　ところで、1990年代にこのような話し合いという営みが、様々な分野で同時多発的に注目されるようになったのは偶然ではないだろう。1990年代といえば、冷戦終結を機に第二次世界大戦以降、社会の発展を支え、市民の

信頼を集めていた専門家とそれを支える様々な制度、すなわち専門家システムの権威が、大きく揺らいだ時期である。日本国内では、バブルの崩壊とその後の長期の不況によってそれまで生活保障のかなめだった会社というシステムにもう頼れない現実をつきつけられた。また、1995 年の阪神淡路大震災は、行政も専門家も暮らしの安全を完全に保障してくれるわけではないこと明らかにした。正しい結論を誰かがもっているわけではない、行政や専門家にまかせるのではなく、自分が参加して納得して決めたい、自分たちで解決していきたいという考えが出てきた。

　このような変化は Beck (1986) のいうリスク社会に世界が移行する時期と重なる。専門家が国民を牽引することができていた社会から、専門家システムをもってしても巨大化したリスクを低減することができなくなった社会への移行である。つまり、近代という時代が大きな曲がり角を迎える時期に、専門家システムを相対化し、社会が課題と真正面から向き合うための作法として「多様な市民による話し合い」が注目されるようになったのである。

2.　話し合いのシナリオと形骸化

　このような時代的な背景から取り組まれるようになった多様な市民による話し合いにおいては、話し合いをすればこうなるはず、という期待を込めたシナリオが想定されている。すなわち、課題に関わる関係者が広く参加し、課題について十分に話し合うことができれば、深い相互理解と学習が促され、新しい関係性が形成され、そのもとで新しいアイディアが生まれ、その結果として課題解決と合意形成が同時に進展する、というものである。話し合いという言葉自体にはここまでの含意はないが、社会課題について多様な市民で話し合いをするという時には、意識的であるかどうかはともかく、上のようなシナリオが想定されているはずである。

　ところが、すでに四半世紀にもなる話し合い実践の歴史から、話し合いはこのようなシナリオ通りにはなかなか進まないということも明らかになってきた。

まず、社会の中に多様な市民が参加できる話し合いの場をつくっても、市民がそこに積極的に参加しようとしないということである。話し合いの場の主催者の実感としては、市民が参加してくれない、いつも同じようなメンバーになってしまう、というものであろう。世間の注目を集めるようなごく短い時期は多くの市民が参加しても、時間がたつにつれて少数になってしまうのである。

　次に、多くの市民が集まったとしても、そこに意味のある話し合いを実現するのは極めて難しいということである。利害を異にする関係者どうしの話し合いは困難を極めるし、属性や立場が異なる者どうしの話し合いは当り障りのないものになったり、権威を有する側が一方的に話す形となってしまったりする。

　そして、参加者が本音で話し合うことができたとしても、話し合いが課題解決に繋がっていかないということである。話し合いの内容のレベルが高まらず、素人談義で終わってしまったり、話し合いの結論が意思決定に反映されなかったり、話し合いでまとめた計画を実行する段階で途中頓挫してしまったりすることが多いのである。

　上記のいずれも工夫の余地は多々あるはずであり、中途半端な話し合いの実践が招いた事態ともいえる。しかし、それにしても話し合いという営みは非常に多くの時間とコストを要するものであり、また、話し合いがすべてを解決するわけでもない。それゆえに、話し合いという営みについての深い理解のないままに、その言葉がもつ美しいイメージに頼って話し合いを実践すると、それは課題解決に寄与せず、「話し合いをしたところで何も解決しない」というネガティブな印象だけを関係者に残して終わってしまうのである。このようなことがこの20年近く、各所で繰り返されてきたように思える。

　他方で、社会の変化のスピードはますます速くなり、課題解決の速度を求める風潮は高まっている。また、既得権益を打破するためには話し合いではなく権力である、といった言説も支持を得るようになっている。話し合いという時間も、コストもかかる営みに付き合っていられるのは、実は深刻な課題に直面しているわけではない、生活に余裕のある一部の市民だけだとする

批判もそれなりに的を得ているようにも思える。

　しかし、社会課題は関係者で話し合いをして解決すべきである、というフレーズは強い正当性を有しており、それ自体を否定することはなかなかできない。その結果、審議会やパブリックコメントという制度の中で、形だけ話し合いを取り入れたことにするいわば話し合いの偽装がまかり通ることになる。そこに参加する市民、そして、場を主催する行政担当者の双方がこの話し合いに意味はあるのかと疑念を抱きながら、そこから目をそらし、その場限りの話し合いを続けているという光景が繰り返されているのである。

　話し合いという営みはこれからの時代において重要なファクターになっていくのだろうか。それとも時代の変わり目で現れた単なる流行だったのだろうか。この疑問に答えていくために必要なのが、話し合いについての学術的研究の結集と体系化、そしてさらなる深化である。話し合いについての学術研究は様々な分野で行われてきたが、話し合いという言葉が日常語であるゆえに、その意味合いは多様に解釈されてきた。そして、分野間の相互交流がないままタコツボ的に展開されてきた。このため実社会において生じている話し合いの形骸化という問題に対応できないでいる。本書はこのような研究状況を克服し、話し合いに関する研究の結集と体系化、すなわち「話し合い学」の構築を志向し、そのトリガーとなることを目指すものである。

　このために、まず、本章において話し合いという用語を改めて「定義」し、その本質的な「価値」を抽出する。これに基づいて、話し合いに関する研究を結集し、相互に関係づけ、体系化し、さらに発展させていくための「共通フレーム」を提示する。このフレームは話し合いに関する学術的研究の研究課題の広がりを俯瞰するものである。そして、このフレームにそって、次章以降の各章の内容について関係や位置づけを示す。

3.　話し合いの再定義

　本書が対象とするのは、「複数の参加者が集まり（遠隔通信を含む）、意思決定や意見交換など共通の社会的な目的のために意見や想いを表明し、交換

するコミュニケーション（相互行為）」である。これを本書では「話し合い」とする。話し合いは、日常的には、「討議」「討論（ディベート）」「ディスカッション」などと同義に用いられることが多く、公的文書や市民参加に関する専門書では、「討議」という表現がよく用いられている[1]。これらの表現を比較してみよう。

　討論、ディベート、ディスカッションに共通するのが、「意見を戦わせる」ことで、debate や discussion の語源を見ても明らかである。debate は"beat + battle"から、discussion ももともとは、"apart + shake"である。欧米発のディベートは、論理的に相手の意見の弱点を突き自分の意見の正当性を主張することに力点が置かれている。もちろん、論理的思考を高めるのにディベートは効果的で重要であるが、本書がターゲットとする状況におけるコミュニケーションを指す語としてはふさわしいとは言えない。たとえば、地域の課題をめぐる住民参加の話し合いを考えてみよう。今後も長期的に同じ地域にかかわっていく状況を考えると、参加者たちが意見を戦わせて勝ち負けを決め、それによって分断を生じることは、当然避けるべきである。加えて、同調性が好まれ、人と「こと（意見）」を区別することを苦手とする日本の社会文化（加藤2002）を背景にもつ地域社会に、ディベートは馴染まない。

　本書で考える「話し合い」とは、対話と議論両方のエッセンスをもったコミュニケーションである。これは、意見を戦わせて勝ち負けを決める方法ではなく、プロセスを大切にしながらコンセンサスに到達する方法である。ただし、日本社会でよく見られる意見を言わずして空気を読んで結論を察知するような、あるいは、力のある人や年長者の声が大きく立場によっては意見が言えないような話し合いではない。

　対話は、英語の dialogue で語源は"through + speak"で、debate や discussion のように意見を戦わすことでも分離することでもない。話すことで、異なる価値観をすり合わせていく、違いを交渉しながら着地点を見つけていく、相互理解のためのコミュニケーションである。たとえば、A, B, C という意見を戦わせて、A が勝てば、B と C は A に従わなければならないというのではなくて、三つの意見をすり合わせて、たとえ出てきた結論が A

に近かったとしても、それはもはや A ではなく三つの意見を擦りあわせた結果の D であって、A も B も C もそれに合わせるという点では勝ち負けはなく平等である(平田 2012)。

ここで大切なことは、対話を通して同化するのではないという点である。着地点を見出すまでは異なる意見を出し合うことが必要で、とりわけ立場を超えて発言できるコミュニケーションの場(equal playing field)でなければならない。これは、議論(discussion)の特徴でもあり(Nagda et al. 2008)、対話だけでなく議論の要素も持ち合わせたのが(本書が考える)「話し合い」である。価値観や感性が多様化した現代社会においては、このような話し合いが求められるのである。

4. 話し合いを 3 層でとらえる図式[2]

このように本書が扱う話し合いとは、自らの論理を磨き上げ、相手の主張を論破しようとする論争でもなければ、本音を語らず、関係性を壊さないようにするためだけの言葉のやりとりでもない。それを通して互いに違いがあることを認めつつ、新しい認識や関係性を築くことによって対立を克服していくようなコミュニケーションのことである。社会課題の解決にむけて話し合うというときには、このようなコミュニケーションを目指すべきと考えるのだが、実際には論争になってしまうことも少なくなく、また、そうなることを意図的に避けて当たり障りのないやりとりに終始してしまうということが多かった。これが先に述べた話し合いの形骸化である。

では、本書が考える「話し合い」について、これまでの学術的研究を活かしつつ、発展させていくためにどうしたらよいか。ここでは話し合うという現象や実践をミクロ・メゾ・マクロの三つの異なるレベルに区別し、3 層でとらえる図式を提示し、これを共通フレームとしてこれまでの研究成果を関係づけていきたい(図 1)。

図 1　「話し合い」に関わる三つの層と学問分野

　まずは、何らかの社会課題の解決のために関係者の間で話し合いの実践が積み重ねられていく層である。そこでは最終的な合意形成や意思決定を目指して、関係づくりや認識の共有、解決策の構想や評価などが進められていく。1 回の話し合いで終了することはほとんどなく、数週間から数年、場合によってはもっと長い時間をかけて行われる。これを話し合いのメゾレベルと捉える。一般に社会課題をめぐる話し合いの現場をめぐる研究はこのレベルでとらえられることが多い。

　社会課題をめぐる話し合いは時間をかけて行われるのが一般的であるが、話し合いの最小単位は一つの発話であり、一つの発話が次の発話に影響を与え、それが重なり合って、人々の認識や関係性を変えていくのである。話し合いはこのように発話と発話の関係というミクロな観点からとらえていくことも可能である。人間はコミュニケーションを日常的に行っているゆえに、このような発話間の関係や、発話者と発話の関係にあまり目を向けることなく、無意識的に行っていることが多い。

他方、社会課題をめぐる話し合いは制度的な枠組みや文化的な背景の中で展開されている。合意形成や意思決定はそのような前提の中で模索されるわけである。議会における話し合いは議会制度が前提にあり、それに拘束されている。自治会における話し合いも当該地域の慣習の中で行われている。このように話し合いを大きな制度的、文化的背景の中で、すなわち、マクロな観点からとらえることができる。ミクロレベルと同様、制度的、文化的背景は話し合いをする際にはあまり意識されることがないが、話し合いの内容や質を決定するきわめて大きな要素といえる。

本書では、この図式に基づいて、異なるレベルから話し合いをとらえる3層の研究を関係づけ、その総体を「話し合い学」という一つの学問体系として確立することを提起するものである。

以下、話し合いを考察するレベルに沿って、ミクロ、メゾ、マクロの順に、射程とする研究領域や想定される研究テーマを紹介する。

(1) 【ミクロ】話し合いのメカニズムとモデルに関する学術研究

話し合いを相互行為としてとらえ、単体ないしは一連の話し合いのプロセスを、話者の心理や発話といった話し合いの最小単位にまで分解し、そこから話し合いの構造化や類型化、傾向やメカニズムの解明を行う。メゾレベルの研究と連携すれば、具体的な現場における望ましい話し合いのモデルや、それを実現するための実践的な方法論を提示することも可能であろう。主として、言語学（社会言語学、認知言語学、会話分析等）、社会心理学（臨床心理学も含む）、情報学（自然言語処理）からの研究が含まれる。たとえば、どのような発話行為と条件が、人々の話し合いへのモチベーションとコミットメントを高め、さらに話し合いの内容と成果の質を高めていくのかや、発言者と発話の関係性、話し合いにみられる相転移をおこすトリガーといったテーマについての研究が想定される。

(2) 【メゾ】市民参加の現場における話し合いの方法論に関する学術研究

具体的な社会課題の解決にむけて多様な関係者が集まり、話し合いを行う

現場についての研究である。それぞれにおいて求められる話し合いのあり方を探求するのがメゾレベルの学術研究である。ある課題に即してどのような関係者を集めるべきか、そこで、どのような話し合いを展開していくべきかを探求するものである。公共政策学、政治学、法学、合意形成学、社会工学、社会学等の学問分野が扱う領域である。現場の話し合いの質的、量的データを共有することで、ミクロレベルとも連携して研究を進めることができるし、望ましい制度や規範、教育のあり方を探求するマクロレベルの研究にもつながっていく。

　立法、行政、司法における話し合い、また、地域における話し合いの分析、評価から、話し合いを促進する要因・阻害する要因について取り組まれるだろう。そのうえで、ミクロ研究で導出される話し合いのモデルを評価基準としてこれまで現場の中で組み立てられてきた話し合いに関する方法論が検証され、その問題点や限界が明らかにできるのではないだろうか。加えて、話し合いのモデルをベースに、これを現場の状況や文脈に即して具現化するための方法論が明らかにされる。具体的には、議員間討議、議会と市民との間の話し合い、行政が推進する政策をめぐる行政と市民、市民と市民の話し合い、裁判員制度の評議における裁判官、裁判員の話し合い、地域社会の中での多様なセクター間の話し合いの方法論が導出されることになる。これは現場における話し合いの方法論の科学化と言える。

(3)　【マクロ】話し合いを支える社会環境に関する学術研究
　市民参加の現場における話し合いは、政治や裁判など社会の制度的枠組みや法制度、その土台となる社会規範、教育といった、より大きな社会環境に影響を受ける。この話し合いと社会環境の関係を探求するのがマクロレベルの学術研究である。政治制度論、地方自治論、哲学(政治哲学、法哲学等)、教育学(社会科教育学、教育方法学等)の研究が含まれるだろう。ここで得られる知見は、話し合いの(ふさわしい)あり方を探求する上で、また、参加の現場における話し合いの方法論の方向性を定める上で、参照枠となり得る。
　市民参加、話し合いといった営みを肯定し、支える社会規範の論理構成は

どのようなものになるか、それがシティズンシップや討議倫理、多文化主義等の既存の規範・価値群とどう関係づけられるのかが想定されるテーマ例である。また、この規範を反映しつつ、現場における話し合いを支援しその成果が活かされるような行政制度、自治制度のあり方や既存の諸制度の問題も研究対象となる。さらに、市民参加という現場に即した話し合いのための教育方法やプログラムの開発もマクロレベルの研究の射程である。

　話し合いをミクロ、メゾ、マクロの3層でとらえることによって、話し合いという営みについての研究だけでなく、それを基調とする社会・制度・政策のあり方の解明を目指すのが、「話し合い学」である。

　具体的には、話し合いのメカニズムを科学的・客観的に分析し評価するミクロレベルの研究と、立法・行政・司法・地域の現場における話し合いの方法論を探究するメゾレベルの研究、そして話し合いの場を作り出しそれを支える社会規範や制度、話し合いに参加する人材の育成と教育といった社会環境について探究するマクロレベルの研究が融合し相互に補完し合う学際的な研究である。まず、各層内での学問間の融合や相互参照が行われ、さらに層を超えたデータや課題意識の共有、研究成果の交流が求められる。このように多様な学問を体系的に融合させる研究デザインによって、革新的・創造的な学術研究が生み出されることになるのではないだろうか。これは、各学問分野で行われてきた市民参加や話し合いに関する研究の知見を活かしつつも、それとは次元を異にする新たな理念と概念を共有して構築するものである。

5.　本書の構成

　本書は話し合いという営みが大きな時代的な背景の中で必要とされながら、その実現の困難さゆえに一部において形骸化してしまっているという現状を克服するために、話し合いに関する多様な学問分野の知を結集し、体系化していこうとする試みである。それゆえに、心理学から政治学まで幅広い

分野の論文が掲載されている。相互の関係をわかりやすくするために、予め上記の3区分(3層)にそって各章の関係を示したい。

　各章いずれの論文も主に論じるレベルがあるが、複数の層にまたがる論文もある。そこで、各論文がどのレベルについて論じているかを整理したうえで、中心的に論じているレベルに基づいて配置と順序を決めた(表1)。

　まず、第2章から第4章は、単体の話し合いにズームインして、ミクロな観点から考察をする論文群で、話し合いを参加者同士の相互行為とみなして、そのプロセスを発話や単語レベルにまで分析し、発言内容だけでなく、語り方にみられる傾向やメカニズムを明らかにすることを目指している。

　小宮氏(第2章)は、話し合いの個別の活動に着目し、司会者あるいはリーダーの役割を遂行する参加者による「意見の求め」が、話し合い談話の中でどのように行われ、それが話し合いの進行にどのような影響を与えるのかを考察している。会話分析の手法を用いた詳細な分析を通して、「意見の求め」から始まったやりとりが「教育」活動へと移っていく有様が明らかとなり、これが参加者の発言のハードルをあげ「意見が出しづらい雰囲気」として働く可能性を指摘している。話し合いで織りなす発話の連鎖やつながりにも、多様な意味があることが理解でき、ミクロレベルでの検証が必要であることが実証されている。

　森氏(第3章)は、熟達度の異なるファシリテーター(初心者、経験浅、熟練)が進めるまちづくりの話し合い談話の文字転記データを考察の対象とし、量的分析を行っている。具体的には、参加者やファシリテーターの発話語数と発話のターン数の量的な比較や、話し合いの中に埋め込まれた語や表現の中でファシリテーターが用いる「調整的発話」についての考察である。加えて、各発言で使用されている語の粗頻度を、ファシリテーターの熟達度と対応させて分析した。これらの量的な分析から、ファシリテーターの熟達度によって異なる結果が得られた。話し合いデータの量的分析の意義や、ファシリテーションの方法論を科学化していく一つの方法論を示していると言えるだろう。

　荒川氏(第4章)は、裁判員評議という話し合いを心理学的に考察する。

表1　各章の題目と扱う層（レベル）

題　目	執筆者	ミクロ	メゾ	マクロ
1. 話し合い学の領域と研究課題	村田和代(社会言語学) 井関崇博(社会学)			
2. 意見交換と教育のあいだ―「話し合い」の中の諸活動	小宮友根 (エスノメソドロジー)	○		
3. 量的分析に基づくファシリテーターの特性推定	森　篤嗣(日本語学)	○		
4. 話し合いに影響する心理的要因と裁判員模擬評議における合意の形成過程	荒川　歩(感情心理学)	○		
5. 地域イノベーションの生成と「話し合い」	杉山武志 (社会経済地理学)		○	
6. WTC テロ直後から跡地利用計画案決定に至る市民による「話し合い」のプロセス	青山公三(都市計画)		○	
7. 学校教育における「話し合い」能力の育成にむけて―東京学芸大学附属高等学校における科目間連携の取り組みから	加納隆徳(社会科教育学)	△	○	
8. 自治体審議会は市民と自治体の「話し合いの場」となるか―実りある「話し合いの場」のデザインをめぐって	土山希美枝 (公共政策学、地方自治)		○	△
9. プラーヌンクスツェレの「話し合い」と「公共形成権」への展望	篠藤明徳 (政治学、討議デモクラシー)		△	○
10. 感情ヒューリスティックスとミニ・パブリックス―Web DP 実験からの考察	坂野達郎 (社会工学、公共システムデザイン)		△	○
11. 妥協を正しく位置づける	佐野　亘(政治理論)		○	△
12. 「主体的」ではない熟議のために―予備的考察	田村哲樹(政治哲学)			○

まず冒頭で「感情」「コミュニケーションスタイル」等を例にあげながら心理学的要因がどのように話し合いに影響を及ぼすかについて紹介する。そのうえで、専門性の異なるアクターが参加する話し合いである評議をとりあげ、専門家・非専門家の話し合いにおける特徴を述べた後、融和の有様の三つのモデルを提示する。そして、自分の利害とは直接関係がないテーマをめぐる話し合いにおいては、参加する人のエンパワメントにつながることも重要であると指摘する。話し合いは、決して合理的には進めることはできない。話し合いの非合理的な側面は、参加者の心理によるところが大きく、話し合いへの心理学的アプローチは必須であり、本章はそのイントロダクションとなっている。

　続いて、第5章から第8章までの論文は話し合いのメゾレベル、すなわち話し合いの現場のフィールドワークに基づく実証的な論文である。課題解決にむけてどのような参加者がどのような話し合いをすべきなのかという問題意識で書かれた論文群である。

　杉山氏（第5章）は、地域イノベーションを推進する話し合いのかたちについて、鎌倉の「カマコン」という組織を事例としながら論じている。多様な市民による話し合いは、得てして相互理解や当たり障りのない意見交換で終わりがちであるのに対して、杉山氏は話し合いの目標を地域イノベーションと明確にとらえ、それに寄与するような話し合いの形を模索している点が興味深い。「カマコン」の事例にみられる、参加者間の関係性やインセンティブを生み出す仕組み、徹底した話し合いを生み出すルール等、新しいかたちの話し合いの姿が生まれているように思える。

　青山氏（第6章）は、ニューヨークの事例を考察している。グラウンドゼロという極めてデリケートな場所の開発をめぐる参加と話し合いを扱うものであり、ともすれば権力的に進行しそうでありながら、米国流の徹底した市民参加にチャレンジしたケースと言える。注目されるのは参加者の規模、ITを活用した情報共有の仕組み、そして何より大規模な参加と話し合いを支える組織体制である。これらのプロセスは大部分が市民団体主導で進められ、多くの人々が計画案決定に至る話し合いに参加したことは重要な意義が見い

だされたと言えよう。

　加納氏（第7章）は市民の話し合い能力を高めるための教育方法を検討する。高等学校の科目間連携授業「リスク社会と防災」において、公共事業（防波堤建設）に関わる合意形成に至るプロセスをロールプレイにより体験させるプログラムについて考察している。授業では、ロールプレイによる話し合いに加えて、防潮堤に関する合意形成を見学する東北スタディツアーも実施した。このような活動を通して、社会問題についての見方は立場の違いによって大きく異なること、また、合意形成のためには意見を異にする相手と対峙するのではなく、ともに問題を解決していくパートナーとしてとらえ、じっくりと対話していく姿勢の重要性を学んでいくという。現在の非常にタイトな教育課程の中で、いかにこれを実現していくかという点は課題として残るが、あるべき教育方法のモデルとして重要であると言える。

　土山氏（第8章）は、市民と自治体の話し合いの場である自治体の審議会をとりあげ、それが形骸化している現状を説明する。そして、それは、話し合いを構成する諸要素（例：参加人数が多すぎる、回数が少なすぎる、資料の量が多く説明に時間が割かれる）から勘案しても、設置者側である行政によって話し合いができないようにデザインされているからであると指摘する。そして、市民参加を得て幅広く議論できるような審議会の「期間」「委員の構成」「座長の采配」「発話の可視化と共有方法」といった具体的手法をあげながら検討する。現場のフィールドワークやアクションリサーチに基づいた話し合い現場のデザインのみならず、その背後にある制度やシステムについても言及したメゾとマクロをつなぐ説得性の高い論文であると言えよう。

　無作為抽出した市民を政策決定に活用する試みが、討議民主主義実現の手法として注目されているが、このような話し合いを扱ったのが篠藤氏（第9章）と坂野氏（第10章）である。

　篠藤氏（第9章）は、ミニ・パブリックスの3手法（市民陪審、コンセンサス会議、討論型世論調査）と比較しながら、プラーヌンクスツェレがフェース・トゥ・フェイスの少人数の話し合いを中心に置いていることを説明す

る。加えて、氏も開発・実施に関わってきた国内版プラーヌンクスツェレと
も言える市民討議会の特徴を述べる。行政と市民の協働による実行委員会
が、テーマや内容を決め運営し、すでに多くの自治体で市民討議会を継続的
に実施しており、「話し合い」による市民政治参加の体験が蓄積され始めて
いる。このようなメゾレベルの考察を踏まえて、氏は、プラーヌンクスツェ
レ構想が示す 21 世紀の社会は、それぞれの市民が公共を形成する主体とし
て尊重され、それが保障される「公共形成権」に基づく社会であると論じて
いる。実証的な研究をベースにした話し合いを支える理念、社会システムの
具体的な提案が行われている説得力のあるマクロレベルの研究である。

　坂野氏（第 10 章）は、討論型世論調査（Deliberative Polling：DP）をとりあ
げ、感情ヒューリスティックスという新たな視点の重要性を議論する。討議
はあくまでも合理性に依拠したコミュニケーションを想定しているが、国内
で実施されている DP では、必ずしも理路整然としているわけではなく、他
人の意見に触発されながらの意見交換が行われるのが実態である。実際に
は、人間の思考プロセスは分析的思考と経験的思考の二つが併存し、経験的
思考において重要な役割を果たすのが感情ヒューリスティックスで、話し合
いには合理性のみならず、この感情ヒューリスティックスをも包含する点を
指摘する。社会実験から、DP の討議前後の政策判断構造においても、経験
的な思考が大きなウエイトを占めていることや、経験的な思考は分析的な思
考を阻害しないことが明らかとなった。さらに、DP は、感情ヒューリス
ティックスが働くコミュニケーション環境となっていると示唆する。本章
は、市民による話し合いの意義や重要性を裏付ける実証研究と言えよう。

　最後に、話し合いを支える価値観や思想からのアプローチである。

　佐野氏（第 11 章）は、話し合いの目標とされる合意にも種類があることを
指摘し、その中でも特に「合意としての妥協」に焦点を当て、その意義につ
いて考える。妥協は、倫理的・道徳的に好ましくないとか、社会の停滞を招
くといった理由で、否定的に評価されることが多い。それを踏まえたうえ
で、妥協にはそれ独自の積極的意義があるとする。たとえば、実際には社会
の中で折り合いをつけながら生活していることは否定できないし、政策をめ

ぐっては唯一絶対の正解が存在することはまれである。むしろ、社会的側面から考えた場合、妥協は、包摂や他者への尊重や承認につながるものだし、政治の場においても二者択一よりも妥協的合意が望ましいとする。重要なことは、どのような状況や場面において妥協が適切／不適切であるかを判断することだと思われる。話し合いにおいて、あるいはそれを埋め込む社会システムや制度においてしばしば生じる妥協について新たな視点を提供するものである。

　田村氏（第12章）が試みたのは、熟議民主主義を「理性的／合理的でない」熟議に基づいたイメージの確立や、「非主体的な」形で再検討することである。熟議民主主義とは話し合いを中心とした民主主義の考え方であるが、そこで想定されているのは、感情や非論理性、主観的ではない理性的・論理的・客観的な議論であるため、「普通の人」による実現が不可能であるという疑義が投げかけられる。これに対し、本章では、熟議を「主体」と切り離してとらえること、正当性ではなく「反省性（reflection）」という観点からとらえることで疑義を解消できるとする。非主体的な熟議で重要なことはコミュニケーションの中で反省性が獲得されることで、「話すこと」よりも「聴くこと」に重点が置かれ、意思決定以外の熟議の重要性が主張される。本章でも、他の章でみられたように、話し合いの持つ「非合理的側面」を排除するのではなくむしろ受け入れることを重視している点は興味深い。

　以上、各章の概要を紹介した。本書においては、各章ともそれぞれの研究領域内での考察であるが、今後「話し合い学」構築に向けての歩みをさらに進め、領域や層を超えた研究成果へとつなげていきたい。

注
1　討議と話し合いの比較については、本書第10章で詳しく議論されている。
2　話し合い学の構想については、森本郁代氏、佐野亘氏との議論から生まれた。したがって両氏に負うところが大きい。ここに記して感謝したい。

参考文献

加藤哲夫(2002)『市民の日本語』ひつじ書房

平田オリザ(2012)『わかりあえないことから―コミュニケーション能力とは何か』講談社

Beck, Ulrich (1986) *Risikogesellschaft: Auf dem Weg in eine andere Moderne*, (ウルリッヒ・ベック著、東廉・伊藤美登里訳『危険社会―新しい近代への道』〔1998〕法政大学出版局)

Nagda, Ratnesh, Gurin, Patricia, Rodriguez, Jaclyn, & Maxwell, Kelly (2008) Comparing debate, discussion and dialogue, Multi-Universit Intergroup Dialogue Institute, Ann Arbor, Michigan. 〈http://www.gcorr.org/wp-content/uploads/2016/06/comparing_debate_discussions_dialogue-3.pdf〉(参照日：2018 年 2 月 15 日)

第2章

意見交換と教育のあいだ
―「話し合い」の中の諸活動

小宮友根

私と話し合いとのかかわり

　私はいま、裁判員評議という「話し合い」の研究をしています。裁判員制度に対しては、やはり裁判は法律の専門家だけでおこなうほうがよいのではないかという批判があります。たしかに、裁判に限らず、大量の専門的知識やデータを必要とする意思決定は、みんなで話し合うよりも限られた専門家（あるいは場合によってはコンピュータ）にまかせたほうがうまくできることもあるでしょう。けれど、専門家やコンピュータには決してできないことが少なくともひとつあります。それは「みんなで話し合って決めたのだから受け入れる」という、決定の民主的正統性を作り出すことです。典型的には政治的決定がそうであるように、民主的な理念に則って物事を決める場がある限り、どんなに社会が専門分化してコンピュータが発達しても、「話し合い」の重要性が失われることはないでしょう。この点で、「話し合い」を研究することは、私たちの社会の深い成り立ちを探究することだと、私は思うのです。

要旨

　本章は、ある災害復興支援団体のミーティングの会話分析から、話し合いにおける「意見の求め」の構造が参加者の意見表明に与える影響について考察する。ミーティングの場で参加者が「意見を出す」ことの重要性は、参加者たち自身にとって強く意識されている。他方、ミーティングには意見交換以外にもさまざまな活動が含まれており、参加者には複数の活動を行き来しながらミーティングに携わるという課題がある。本章では、「意見の求め」から始まったやりとりが「教育」活動へと移っていく事例の分析から、ある質問が何の活動を遂行しているかについての理解の共有が、その課題の遂行にとって――ひいては円滑な意見表明にとって――重要であることを論じる。

1.　はじめに

　「話し合い」とは何をすることで、どうすればよい「話し合い」になるのかを学問的に考えるのはなかなか難しい。けれど、ひとつたしかに言えることは、「話し合い」の「よさ」を気にかけているのは、誰よりもまず、話し合いの参加者たちだということだろう。そして、そこに参加する人たちにとって、「話し合い」とは、質問をしたり、意見を述べたり、他の参加者に反論をしたり、交渉をしたりといった、さまざまな活動の集合体である。だから参加者たちにとって、「話し合い」がうまくいくということは、そうしたさまざまな個々の活動が「うまくいく」ことと深い関わりがあるはずだ。もちろん、単純に個々の活動のよさの集積が「話し合い」全体のよさとなるのではないにしても、個々の活動がまったくうまくいっていないのに、「話し合い」全体だけが「よい」ものとなるということもありそうにない。こうした考えから、本章では「話し合い」という大まかな括りではなく、そこに参加している人たちが携わる、個別の活動へと目を向けよう。

　本章が焦点を宛てるのは、「話し合い」において特定の参加者が他の参加者に「意見を求める」という活動である。「意見を求める」というのは、「話し合い」の中で際立った重要性をもつ活動である。日常会話とは違って、「話し合い」には何かしらの目的がある。議題について意思決定をしなければならず、その決定は参加者の意見にもとづいていなければならない。そのため誰からも発言が出なくなっても、「話し合い」はそこで「自然に終わる」というわけにはいかない。だから、多くの「話し合い」では、その「開始」と「終了」を宣言し、時間を管理し、そして参加者に意見の表明を促す「司会者」あるいは「リーダー」の役割を誰かが遂行することになる[1]。

　「意見の求め」がこのように「話し合い」にとって重要な活動であるなら、そのよしあしを参加者たちがどのように気にかけているかを検討することは、参加者にとっての「話し合い」のよしあしを考える上での手掛かりとなるだろう。本章では、「話し合い」の中で「司会者」あるいは「リーダー」の役割を遂行する参加者による「意見の求め」が、進行中の会話でどのよう

におこなわれるのか、またそれが「話し合い」の進行にどのような影響を与えるのかについて考察したい。

2. 対象と方法

　本章が主に分析対象とするデータは、災害復興支援に取り組む NPO 団体（以下団体 O）[2] の定例ミーティングである。団体 O は、災害によって地域の産業が縮小し人口も減少してしまった地域で、住民たち自身が取り組んでいる復興活動の支援や活動企画の提案、地域外からのボランティア誘致などをおこなっている。私たちは計 8 回、合計約 19 時間半のミーティングを録画させていただいた。

　分析に用いるのは「会話分析」と呼ばれる分析手法である。会話分析はH. サックスによって開始され、E. シェグロフ、G. ジェファーソンらによって彫琢された、会話参加者たち自身による会話の組織化の方法を記述するための研究方法である。日常会話において、一度に話すことができるのは基本的に一人である。だから、会話には話し手の「順番交替」がある。あらかじめ誰が何をどれくらい話すか決まっていない日常会話において、この「順番交替」を精巧におこなうために会話参加者が用いているルールがあることをあきらかにしたのが会話分析の出発点だった（Sacks et al. 1974＝2010）。その後、順番交替をとおして発言を繋げていくために会話参加者たちが用いる多様な道具立てがあきらかにされ、その分析射程は日常会話だけでなくさまざまな制度的会話にまで大きく広がることになった（Drew and Heritage 1992）。本章でもミーティングにおける「意見の求め」の構造を描くにあたって、そうした会話分析の成果を参照していく。

3. 意見表明の場としてのミーティング

　団体 O がおこなう定例ミーティングは、おおまかにいって二つの活動からなっている。ひとつはメンバー各自の担当している業務についての報告で

あり、もうひとつは各メンバーの報告について参加者どうしが意見交換をおこなうことである。本章が注目したいのはもちろん後者である。

　意見交換という活動がミーティングの中で重要な位置を占めることは、ミーティングの参加者によって強く意識されている。それはたとえば、報告の後で意見が出なかったときに、司会者やリーダーによって意見表明が強く促されることからわかる。以下の抜粋1は、一人のメンバーからの報告が終わったあと、司会のヤマキさんとリーダーのサトウさんが他の参加者に意見を求めている場面である[3]。

【抜粋1】(rsg2-2a [00:08:30.12])
```
01  ヤマキ：↑はい　(0.2)　ほかのメンバーのみなさんから
02          (8.0)
03  ヤマキ：だ↑してあげるのが親切です
04  サトウ：°ん::°　((咳ばらい))
05  ヤマキ：親切では違うな＝
06  サトウ：＝遠慮するのは:: 罪だから
```

　01行目でヤマキさんは「はい」と言うことで「ここからは意見交換のフェーズであること」を示した上で、「ほかのメンバーのみなさんから」と参加者に意見を求めるのだが、その後8秒間の沈黙が生じている[4]（02行目）。するとヤマキさんは、「親切」という表現を用いて参加者に意見表明を促すことを試みる（03行目）。「意見を出す」ことを「親切」という利他的行為として位置づけることは、意見を述べる側の動機づけよりも意見をもらう側への配慮を強調することで、意見表明を「したほうがよい」理由を示すことになっているだろう。また、サトウさんは04行目でヤマキさんに同意を示した後、06行目でさらに強力な促しをおこなっている。サトウさんは意見を差し控えること（「遠慮」）を「罪」と表現することで、意見表明を「しない」ことを「悪いこと」として位置づけている。

　こうした促しからは、他のメンバーの報告に対して意見を述べることが、

ミーティング参加者に強く期待されていることがわかる。言い方を変えれば、意見が出ないことはミーティングにおいて深刻な問題となりうる。実際、ミーティングが始まる前の段階で、「意見が出ない」ことが生じないよう、リーダーによる「説示」がおこなわれることもある（「時間がもったいない」「意見が出しづらい雰囲気を払拭したい」等々）。とりわけミーティングを進行する司会者やリーダーにとって、メンバーから意見が出るかどうかが重要な関心事であることは容易に理解できるだろう。

　他方で、では「意見が出しづらい雰囲気」とは具体的にどのようなものなのかを考えるのはなかなか難しい。ひとつ注意をしておくべきなのは、会話参加者が発言できるかどうかは、発言者の積極性だけによって決まるわけではないということだろう。会話の中で誰がどんな発言をするかは、直前の発言順番で誰がどんな発言をしていたかに大きく依存する。この点で言えば、ミーティングにおいてメンバーが「意見を述べる」という活動をする仕方は、司会者やリーダーがその前におこなっている「意見の求め」という活動と密接な関係にあるはずだ。それゆえ、メンバーによる意見表明が「うまくいく」かどうかを考察するにあたって、司会者やリーダーがおこなう「意見の求め」の持つ構造的特徴について考えることは大きな意味を持つだろう[5]。

4.　教育の場としてのミーティング

4.1　「正解」のある質問

　団体Oの定例ミーティングに特徴的に観察できるのは、ミーティングの場に性質の異なるいくつかの活動が併存しているということである。上で述べたように、ミーティングは基本的に、メンバーによる業務報告とメンバーどうしの意見交換から成る。しかし、実際にミーティングのやりとりを追ってみると、そこには業務報告と意見交換以外の活動も多く含まれていることがわかる。その中でもよく見られるのは、ベテランのメンバーから他のメンバーに対する「教育」である。典型的には次のようなやりとりがそれにあたる。以下の抜粋2は、リーダーのサトウさんが新人メンバーのミキさんに

対して「座談会[6]とは何か」について教えている場面である。

【抜粋 2】(rsg5-2a [00:09:52.10])

```
01 サトウ：ミキ 座談会ってなにかわかる
02        (1.6)
03   ミキ：は↑い
04 サトウ：座談会ってなにかわかる
05   ミキ：なにかわかる (.) 住民さん::::::が：ん：あつまって
06        なんか話したりする会？ hhh
07 サトウ：ん んん まあそうね
08   ユカ：そうそうそう
```

01 行目の質問は、開催予定だった座談会が流れたという報告が担当者からあった後、そもそも座談会を開催すべきかという議論をしている中で、サトウさんからミキさんに向けられたものである。重要なのは、この質問はミ・キ・さんの意見を求めるものではないことがはっきりわかるという点だ。

第一に、この質問は座談会を開催すべきかどうかという議論の前提となる事柄（そもそも座談会とはなにか）を問うことで、議論の本筋から離脱している。この点でこの質問は、「議論の前提となる知識を尋ねる」ものであることがわかる。第二に、そのような質問が、リーダーから新人へと向けられている。リーダーはもちろん、団体 O の活動について知識を持っていることが期待される人物である。この点でこの質問は、「知りたいから尋ねている」のではなく、むしろ「正解」を知っている側が相手の知識を確認するためのものだと理解できる。つまり、この質問は、意見交換という本筋から離脱した、「教育」活動の開始なのである。

実際、その質問に対してミキさんが 05–06 行目で答えると、07 行目でサトウさんは不十分ながら形の上では肯定的な評価を与える（08 行目では別のベテランメンバーであるユカさんも「そうそうそう」と肯定的評価をしている）。このように、「正解がある」質問では、正解を知っていると期待される

者は、答えを「評価する」立場に立つ。そのため、そこには「質問」―「答え」―「評価」という行為連鎖が生まれる。この連鎖は、先生と生徒のやりとりの基本的な構造として知られている、教育という活動の重要な特徴である。

　こうした教育はもちろん、団体Oの活動にとって重要なものであるに違いない。新人が知っておくべきことをその都度の必要に応じて教えるために、ミーティングの場はよい機会だろう。しかし、教育という活動はあくまで教育であり、意見交換という活動とは異なる。とりわけメンバー間の関係について言えば、意見交換においては対等であることが気にかけられるのに対し、教育という活動においてはむしろ知識の差による非対称性が気にかけられやすい。そしてこのように性質の異なる活動がミーティングのうちに併存することは、ミーティング参加者に対して、ひとつの課題を与えることになる。

4.2　意見の求めか教育的質問か

　異なる活動が併存しているミーティングの中で参加者が取り組まねばならない課題は、「いま自分たちはどんな活動をおこなっているのかについて理解を共有すること」である。抜粋2のように、質問が「正解のある質問」であることが明確であれば、そこで「本筋から外れて教育に入った」という理解を参加者が共有することは難しくない。ところが、実際には活動の理解を参加者間で共有しつつ発言を促すことが難しい場合があり、そのことが司会者やリーダーによる「意見の求め」の構造として立ち現れてくることがある。そういう場合には当然、その難しさは意見を求められたメンバーの意見表明にも影響を与えることになるだろう。

　次の抜粋3は、ある住民（タツミさん）が所有する土地の整備支援について、団体Oと「一緒にやっている」という表現をタツミさんが用いていたことの是非について議論がおこなわれている場面である。

【抜粋3】(rsg6-1a [00:10:51.19])

```
01  サトウ：一緒にやってるっていう表現が  わたしはちょっとピンとこなかった．
02          そう思ってくれるのは  ありがたいんだけど↑も：わたしとしては
03          一緒にやってる感はない  (.)  [なかった
04      ?：                          [ん：：
05  サトウ：なぜ  (.)  つか逆に  いやいや一緒にやってるじゃないすかって
06          思う人がいたら  その意見も聞きたいなって思うんすけど
07          (1.2)
08  サトウ：タマノ
09  タマノ：(あ  なんか)  そう>ですね<  ん：：  一緒にやっ-  (なんつ-)
10          おれたちのほうでまあ  お助けしてるっていうのもありますし：
11          一緒にやってるかって言われたら  (0.2)  ま  一緒にもやって
12          んのかなっていうのは  (こう)  正直半々  (.)  な感じはありました
13          =ていうのは
[省略]
15  タマノ：タツミさんのほうからまあ(.)お話しがあっ(.)て：：
16          ていう意味では一緒に<やってもいたのかな>(0.2)っても
17          思うは思うん[ですけどね  (          )
18  サトウ：          [>ああ  ごめんごめん<  言葉があれ  なんだ
19          言い方が悪かった  あの：：  (.)  確かに一緒に：っていうのは
20          広い言葉すぎたんで：たとえば  あの：：  ほかに  マンションの
21          傾いてる事件
22  タマノ：はいはい
23  サトウ：((咳払い))  あれ：：：：  だとちょっと大きいか．あの  要は
24          一緒に同じものを建てると．建物を[建てますよ：：と
25  タマノ：                              [ああ：：  はいはい
26  サトウ：ただ  杭打ちはアオイ化成
27  タマノ：は[い
28  サトウ：  [アオイ建設  わかんねえけど
```

第 2 章　意見交換と教育のあいだ　29

29　タマノ：は[い
30　サトウ：　　[あそこがやりますと．で 誰が建てようとして 誰がデザインを
31　　　　　　　してるかっていったら(.)　ミシマプレデンシャル
32　タマノ：ええ そうです[ね
33　サトウ：　　　　　　　　　[でしょ
34　タマノ：は[い
35　サトウ：　　[だけど ミシマプレデンシャルとアオイせっけ- アオイ建設は
36　タマノ：はい
37　サトウ：一緒にやってんの
38　　　　　　(0.2)
39　タマノ：は やってないす 別々ですね
40　サトウ：なん- でも同じもの建ててんだよね
41　タマノ：はい
42　サトウ：それはなんというかっちゅう↑と

[省略]

47　サトウ：まあ 下請けですよ
48　　　　　　タツミさんところは下請けでうちを使ってるようなイメージ°あんの°
49　　　　　　一緒にやるってどういうことかっつーと(.)モリちゃん
50　　モリ：考えたり話したりとか=
51　サトウ：=そうそう=
52　　モリ：アイデア出したりっていう(のと[か　　)
53　サトウ：　　　　　　　　　　　　　　　　　[自分の意思↑が: 半分くらい反映
54　　　　　　されてる状態↑を(.)_一緒にやる(.)と>少なくとも思うんすよね<

　01–03 行目でリーダーのサトウさんは、「一緒にやっている」感覚はない
という自分の見解を述べた後、05 行目から「一緒にやっている」という意
見の表明をメンバー全員に向けて求めている。この意見の求めは、少なくと
も表現上は、「意見交換」という活動を開始するものとして聞くことができ
る。「X という意見も聞きたい」という表現は、自分とは異なる X という意

見にも合理的な根拠がありうるという理解を示すものだからだ。また、09–17行目でタマノさんがサトウさんの意見の求めに答えた後、18行目以降でサトウさんが「ごめんごめん」と言って「一緒にやる」という表現の意味について語っていくのも、形式上は相手の誤解を取り除こうとしているように見える[7]。もしそうであるならば、誤解が解かれた後で改めて「一緒にやっている」と言えるかどうかが尋ねられるべきだろう。

　ところが、こうした見かけに反して、ここで進められていったのは「意見交換」のやりとりではなく、それゆえ結局質問のやりなおしもおこなわれなかった。では、ここでおこなわれていたのはどんな活動だったのだろうか。このもうひとつの理解可能性も、よく見るとサトウさんとタマノさんの発言の詳細から観察することができる。

　まず、06行目の意見の求めの仕方に、すでにもうひとつの会話の軌跡を見て取ることができる。サトウさんは「なぜ」と言いかけた後、「つか」とそれを自己修復（Schegloff et al. 1977 = 2010）して意見の求めをおこなっている。直前で「一緒にやってる感はない」と自分の見解を述べていたことを考えれば、ここでサトウさんは、自分の見解の理由を述べかけて（「なぜかというと…」）、その後で「意見の求め」へと発言を変更していると理解できるだろう。

　続いて08行目でサトウさんはタマノさんを指名する。反対意見を求めるために、特定の誰かの名前だけを呼んで指名するのはやや奇妙だろう。指名した人が自分と反対の意見をもっているかどうかはわからないからだ。それはむしろ「正解のある質問」をした人（たとえば教師）が回答すべき人物を指名するやり方に近い。

　このように、サトウさんの意見の求めは、「一緒にやっている」という意見を求めるものでありつつも、同時にサトウさん自身は逆の意見を強く（「正解」として）持っているのではないかと感じさせる仕方でおこなわれている。実際、指名の後でタマノさんは「一緒にやっていた」という意見を述べていくのだが（09–17行目）、その仕方は、サトウさんの指名が単なる意見の求めではない可能性への指向を示しているように思う。「一緒にもやってい

た（11 行目）」「半々な感じ（12 行目）」「一緒にやってもいた（16 行目）」という表現は、「一緒にやっていた」という表現の妥当範囲の限定性を、「思うは思う（17 行目）」という表現は、その意見に対する自身のコミットメントの限定性を示していよう。つまり、ここでタマノさんは、「一緒にやっていたと考えるべきではない」可能性があることをしっかりと気にかけているように思われる。

　その後の展開は、「意見交換」からはさらに遠くなっていく。タマノさんの意見表明を受けて、サトウさんは「ああ　ごめんごめん」と謝った後（18 行目）、タマノさんの「意見」を、自分の表現が悪かったために出てきてしまった不適切な答えとして扱って、「一緒にやっている」という表現について説明をおこなっていく。その中でサトウさんは、アオイ建設とミシマプレデンシャルによるマンション建設を例に、二つの会社が「一緒にやっている」と言えるかどうかを問う（24–37 行目）。じつはこの例について、サトウさんは自ら「一緒に同じものを建てる」という表現を用いている（24 行目）。にもかかわらず、「だけど」という逆説の接続詞が用いられて（35 行目）、「一緒にやってんの」という質問がおこなわれるのである（37 行目）。このことは、答えが「否」であることを強く示唆しよう。実際、タマノさんは 39 行目で「やってないす」と否定的に答えている。するとサトウさんは、その関係を「下請け」だと表現し、タツミさんに対する団体 O の関係が同じように下請けになってしまっているという自分の考えを提示するのである（48 行目）。

　このように、ここで実際にサトウさんがおこなったのは、なぜタツミさんと団体 O が「一緒にやっている」と言えないのかについて自分の考えを説明するという、当初「なぜ」と言いかけてやろうとしていたことに限りなく近いことだった。さらに、この説明は、団体 O のメンバーに対して、「一緒にやる」とはどういうことかを教えるためのものにもなっている。このことは、49 行目の「一緒にやるってどういうことかっつーと」という質問に対するモリさんの答えにサトウさんが「そうそう」と肯定的「評価」を与えていることからも理解できるだろう。

要するに、ここでサトウさんは、「意見交換」の形式でやりとりを開始しつつ、実際には「教育」活動を進めていったのである。そのため、このやりとりには、「意見の求め」―「意見表明」―「第三の位置での修復」という連鎖と、「正解のある質問」―「不正解の答え」―「正解の提示」という連鎖の、双方の理解可能性が併存している。ここには、隊員の意見を尊重してそれを引き出すというミーティングの理念と、団体Oの活動にとって重要なことを教えるというリーダーの役割を同時に遂行しようとする、サトウさんの苦心があらわれていると言えるかもしれない。しかし、その意見の求めの構造は、宛てられたメンバーに対して「自由に意見を述べるべきなのか正解を当てるべきなのか」という応答の難しさを生み出しうるだろう。

4.3　回答の前提を正す

　もうひとつ別の例を検討してみたい。抜粋4は団体Oが支援に入っている施設「サクラ」でメンバーがおこなっている研修の意義について議論されている場面である。団体Oは「サクラ」にかかわりすぎではないかという不満が他の住民から出ているため、研修を打ち切るべきではないかという方向に議論が傾いている。

【抜粋4】(Rsg2-1a [00:12:57.20])

```
01  サトウ：ん::  ちなみに本研修の最大の目的は  うちのメンバーの研修で
02          ありますんで  ま  てつだう  (.)  こともできたけども  (.)
03          ほんとは  サービス業に入って  自分の  え::  配り  目配り  心配り
04          (.)  が  え:  サクラでどう活かされ  またどう足りないとこを
05          発見したか  ちゅうとこなんですけど  (0.2)
06          や[く  たちまし  ↑た↓かね
07  マエダ：  [ん
08  マエダ：  (            )
09          (0.8)
10  アオキ：ん::  微妙なところだと思いますね=
```

第2章　意見交換と教育のあいだ　33

```
11  サトウ： =ん：：
12  アオキ： あの：：　ミエさん（（施設運営者））　あの　こっちに：至らないところが
13         あっても　たぶん　突っ込んでくれない
14  サトウ： んん
15  アオキ： で：：　自分がやってることが　間違ってるとか　何かが足りないって
16         いうことに　気づかずにやってる：：　人が多いんじゃないかな
19  サトウ： （ですよ）
20   ユカ： ん：ん：ん［：
21  アオキ：        ［とゆうには　思いますね
22        （0.4）
23  サトウ： マミちゃんは
［省略］
25   マミ： 研修というよりもただのお手伝いみたいに　感じに
26         なっちゃった（　　　　てる）のかなという感じがします
［省略］
32  サトウ： ミキは
［省略］
34   ミキ： 間違ってるのかあってるのかわからないまま　とりあえずやって
35         しまっ（.）て↓て：　で　そういえばこれってあって↑たんだっけ：
36         ってなっても　やっぱりミエさん自体が忙しいの↓で：
37         確認できないまま　こう　惰性でだ：だ：と　こう　.hh　いってしまって
38         いるので：　どうしても　けんしゅう：は学ぶことは多いんですけど：
39         どっちかっていうとミエさん的には助けてもらってるっていう（.）
40         がわのがおっきいので：こっちも研修っていうよりかは　お手伝いで
41         入ってるって感覚がどうしても大きくなっちゃうのかな
42         （っていう　　　）
43  サトウ： ＞ちなみに＜　研修とは言いましたけど，ミエさんが先生と言った
44         おぼえはないんで
45    ？： ん：
```

46　サトウ：あの::　すべからく　学問なるものは自分から学びにいくもの
47　　　　　と　(.)　いうことで　そこで気づいてほしかったの↑は

　01–06行目で、サトウさんは研修の目的を説明し、他のメンバーに対して研修が役に立ったかどうかを質問している。目下の議論の文脈では、この質問は聞き手にとっては、研修を終えるべきかどうかの判断材料を提供するよう求める「意見交換」のための質問に聞こえるだろう。実際、アオキさん、マミさん、ミキさんの三人は、研修としてあまり役に立っていないと答えることで、研修をやめるべきという議論の流れに沿おうとしているように見える。

　まず、アオキさんは10行目で「微妙なところ」というやや否定的な評価を与えた後、その理由について、自分たちに至らないところがあってもミエさんがそれを指摘してくれるわけではないからだと説明をしている。マミさんは25行目で「研修よりもただのお手伝い」になっていると述べることで、サクラでの労働が研修としては十分に機能していないという見解を述べている。ミキさんも34行目から42行目で、疑問があっても聞けないまま惰性で働いてしまっていること、受益者が自分たちよりもむしろミエさんになっていること(「お手伝い」)を挙げて、研修としての機能に疑問を述べている。

　しかし、こうした三人の答えのすぐ後でサトウさんがおこなったのは、それを「研修を終えるべきかどうかの判断材料」として扱うことではなかった。43行目からサトウさんは、研修に対する三人の考え方のなかに「不適切」な点があることを述べていく。すなわち、研修とは人から間違いを正してもらうために行くのではなく、自分で自分の足りないところに気づくために行くのであるから、相手がこちらの間違いを指摘してくれるかどうかは問題ではない、と。この後、「意見の求め」はやり直されることはなく、研修は打ち切るというまとめがサトウさんによっておこなわれていく。

　サトウさんが「研修が役に立ったか」という最初の質問をしたとき、本当のところどういうつもりであったのかはわからない。最初から「研修とは何

か」を話すつもりだったのかもしれないし、あるいは意見交換のための質問をしたところ「研修」について「不適切」な理解が出てきたのでその場で正そうとしたのかもしれない。ただ、実際におこったことを見る限り、このやりとりは「意見の求め」で始まりながら、結果的には教育的な指導へと移行している。そしてこのことは、抜粋3とは違って、「意見の求め」の時点では聞き手にはまったく見通せないものだっただろう。

　このように、団体Oのミーティングにおいて意見交換の活動の中に教育という活動が差し挟まれるとき、質問に答える側にとっておそらく十分明確ではない形で「教育」的なやりとりが開始されることがある。こうしたことがどれくらいミーティングの中で一般的なことなのかはまだわからない。けれど、仮にこうしたことが起こる可能性があることを参加者が理解しているとするならば、そのことは次のような帰結を生むかもしれない。第一に、参加者は、一見「意見の求め」に見える質問が、実は「正解のある質問」である可能性を気にかけるだろう。第二に、「意見の求め」に答えるときも、自分の回答のなかに不適切な理解が含まれていないかどうかを気にかけるだろう。つまり、参加者は「意見交換」という活動のなかにおいても、「より正しい」答えを産出しようと気にかけることになる。「意見の求め」の構造がそのように作用するならば、そのことは多少なりとも参加者の発言のハードルを上げ、「意見が出しづらい雰囲気」として働く可能性があるだろう。

5.　おわりに

　本章では、ミーティングにおける「意見の求め」の構造について、ひとつの事例をもとに予備的な検討を加えた。ミーティングにおいて司会者やリーダーは、参加者ひとりひとりを意見の持ち主として対等に扱いつつ、同時に必要に応じて教育の対象としても扱うという、それぞれ異なった課題に同時に対処することがある。このような場合、「今自分たちはどんな活動をしているのか」ということが参加者全員に対して十分にあきらかになっていなければ、参加者の発言のハードルは上がる可能性がある。こうした分析から

は、「意見を出す」という活動がうまくいくかどうかというミーティングの参加者たち自身が気にかけている課題について、そのつどの活動の理解を参加者たちが共有できることが重要だという考え方が引き出せるだろう。こうした考えの妥当性や、またそのために参加者たち自身が用いている方法について検討していくことは、「話し合い」という多様な対象について学問的に考察するにあたっての、ひとつの明確な筋道であるように思われる。

注

1 特にビジネスミーティングの研究では、司会者やリーダーがその役割をどのように遂行するのかが研究の焦点となってきた。Holmes et al. (2007)、Barnes (2007)、Pomerantz and Denivir (2007) などを参照。

2 団体名および団体メンバーの個人名はすべて匿名または仮名に変更してある。お名前を挙げることはできないが、調査にご協力くださった団体の方々に記して御礼を申し上げたい。

3 トランスクリプト（会話の書き起こし）の記号の意味は以下のとおり。

[	発話の重なり	=	発話の密着	( )	聞き取り困難
(x.y)	x.y秒の無音	(.)	わずかな無音	::	音の引き延ばし
–	言葉の途切れ	h	呼気音	.h	吸気音
<u>下線</u>	強勢	° °	音が小さい		
↑	上昇イントネーション		↓	下降イントネーション	
> <	速度が速くなっている		< >	速度が遅くなっている	
(( ))	転写者による注記				

4 「意見の求め」は、会話分析では「隣接ペア第一成分」と呼ばれる、その行為を宛てられた人に「第二成分」を産出する義務を課すタイプの行為である。そのため、もし第一成分の行為が産出されたにもかかわらず第二成分が産出されず間が生じるなら、それは単なる間ではなく、第二成分を産出すべき人の「沈黙」だと理解されるだろう。この場合、第二成分にあたるのは「意見の表明」である。02行目の8秒の間は、そのような意味で、「ほかのメンバーのみなさん」が意見を表明せずに「沈黙」していると理解することができる。

5 団体Oのミーティングに限らず、会議型のコミュニケーションで抜粋1のような「参加者全員に向けた意見の求め」がおこなわれるとき、その後沈黙が生じるの

は珍しいことではない（小宮 2012）。そうした沈黙は目につきやすいので、参加者たちにも問題だと考えられやすいが、それに対して本章が取り上げたいのは、もうちょっと「気づかれにくい」、けれど参加者の意見表明に強い影響を与えると考えられる、意見の求めの構造である。

6　ここで「座談会」と呼ばれているのは、住民の考えを聞くために団体 O が開催する、住民交流の会合のことである。

7　相手の誤解が示された発言順番の後で、もともとの自分の発言に修正を加えることを、会話分析では「第三の位置での修復」と呼ぶ（Schegloff 1992）。「修復」とは、理解のトラブルが生じたときに、やりとりの本筋からいったん外れてそのトラブルを取り除き、ふたたびもとの流れに戻るようにおこなわれる、組織だった会話上の諸実践の総称である（Schegloff et al. 1977＝2010）。

参考文献

小宮友根（2012）「評議における裁判員の意見表明―順番交替上の『位置』に着目して」『法社会学』77: pp.167–196.

Barnes, Rebecca. (2007) Formulations and the Facilitation of Common Agreement in Meetings Talk, *Text & Talk* 27(3): pp.273–296.

Drew, Paul and John Heritage. (1992) *Talk at Work: Interaction in Institutional Settings*. Cambridge University Press.

Holmes, Janet, Stephanie Schnurr and Meredith Marra. (2007) Leadership and Communication: Discursive Evidence of a Workplace Culture Change, *Discourse & Communication* 1(4): pp.433–451.

Pomerantz, Anita and Paul Denivir. (2007) Enacting the Institutional Role of Chairperson in Upper Management Meetings: The Interactional Realization of Provisional Authority, François Cooren (ed.) *Interacting and Organizing: Analyses of a Management Meeting*, pp.31–51. Routledge.

Sacks, Harvey, Emanuel A. Schegloff and Gail Jefferson. (1974) A Simplest Systematics for the Organization of Turn-Taking for Conversation, *Language* 50(4). (＝西阪仰訳（2010）「会話のための順番交替の組織―最も単純な体系的記述」『会話分析基本論集』世界思想社)

Schegloff, Emanuel A. (1992) Repair after Next Turn: The Last Structurally Provided Defense of Intersubjectivity in Conversation, *American Journal of Sociology* 97(5): pp.1295–1345.

Schegloff, Emanuel A., Gail Jefferson, and Harvey Sacks. (1977) The Preference for Self-Correction in the Organization of Repair in Conversation, *Language* 53(2):

pp.361–382.（＝西阪仰訳（2010）「会話における修復の組織―自己訂正の優先性」『会話分析基本論集』世界思想社）

第3章

量的分析に基づくファシリテーターの特性推定

森 篤嗣

私と話し合いとのかかわり

　専門は日本語学、国語教育学、日本語教育学です。この三つをどのような順番で書くのか、いつも迷っています。自分としては日本語という「ことば」に関わる教育と研究が仕事だと思っています。博士論文では、小学校国語科での学校文法と文法教育の考察をしましたが、そのうちに授業内で使われている「ことば」、すなわち授業でのコミュニケーションに興味が移ってきました。特に平成23年度より施行された小学校学習指導要領において、「言語活動の充実」が強調されたことによって、授業で話し合い活動が多く取り組まれるようになったことに何か貢献ができないかというのが目下の興味です。他にも龍谷大学のプロジェクトで関わっているまちづくりの話し合いや、地域日本語ボランティアにおける日本人参加者と外国人参加者の話し合いなど、学校以外での話し合い活動にも興味を持ち、特に量的な側面から研究に取り組んでいます。

要旨

　本章では、ファシリテーターの熟練度が異なるまちづくりの話し合いデータ6本を対象として、参加する市民やファシリテーターの発話について、量的に分析をおこなうものである。話し合いの中に埋め込まれた語や表現の中でも、話し合いのメタ的言語情報の提示として機能している語を「調整的発語」として取り出し、ファシリテーターの熟練度との関係から考察をおこなう。さらには、テキストマイニングの手法を用いた対応分析により、主観をできるかぎり排除した量的な分析で、どこまでファシリテーターの特性推定に迫れるかを試みる。これらの分析により、話し合いデータの量的分析の意義について明らかにする。

1.　はじめに

　まちづくりの話し合いにおいて「よい話し合い」とは何を指すのだろうか。参加者の満足度だろうか、それとも話し合い結果がまちづくりに反映されることだろうか。そして、その「よい話し合い」を支えると言われるファシリテーターの特性とはいかなるものだろうか。

　村田(2013: 61)では、ビジネスミーティングの司会者とワークショップのファシリテーターの談話を比較し、ファシリテーターの言語的ふるまいの特徴として以下の8点を挙げている。

1.　自己紹介やアイスブレイクに時間をかけている。
2.　全体を通して、発話の割り振りに配慮し、発言していない人、発言量の少ない人に積極的に発言権を与えるようにする。
3.　肯定的応答やあいづちを積極的に使用している。
4.　出された意見をとりさげるときには、提案者に言葉をかけて配慮を示す。
5.　話し合いを始める前に話し合いのルールを提示する。
6.　話し合いのトピックを参加者にその都度わかりやすく提示する。
7.　繰り返し合意項目を確認し、小さな合意を大きなテーマの合意につなげる。
8.　話題の変わり目は、ことばで明示的に表している。

　さらに村田(2013: 61)では、上記の8つの特徴は大きく二つのグループに分けられるとしている。すなわち、1から4が言語の対人関係機能面(ポライトネス)に関わるストラテジーであり、5から8は話し合いのプロセスやフレームワークといった話し合いのメタ的言語情報の提示をおこなうストラテジーとしている。

　村田(2013: 61)のような質的な分析は、まちづくりの話し合いにおけるファシリテーターの特性を知るために有効な分析であると思われるが、ファ

シリテーターの能力判定や養成といった方向で役立てる場合には問題点もある。それは、上記のような特徴が、一つのまちづくりの話し合いの中に、1回でも出ていれば良いのか、それとも複数回出現して頻度が高い方がよいのか、さらには多くの特徴が満遍なく出現するのが良いのか、一つの特徴が突出して多く出現しても良いのかなどの問題である。

したがって、本章ではまちづくりの話し合いの文字化記録を対象として、参加する市民やファシリテーターの発話について、まずは量的に概観し、さらに話し合いの中に埋め込まれた語彙や表現についてテキストマイニングを用いて検討する。それにより、まちづくりの話し合いにおけるファシリテーターの特性を量的に推定することを目的とする。

もちろん、量的な分析イコール客観的というわけでなく、質的な分析よりも量的な分析が優れているわけではない。主観をできるかぎり排除した量的な分析で、どこまでファシリテーターの特性推定に迫れるかという試論に過ぎないことを断っておきたい。ファシリテーターの特徴や特性については、質的な分析が不可欠であることは言うまでもない。しかし、本章はそこに量的な分析も融合してみることで、さらなる効果が得られることを期待しての取り組みである。

2.　まちづくりの話し合いデータの概要

本章で扱う「まちづくりの話し合いデータ」は、熟練度の異なるファシリテーターの話し合い談話（6本）である。考察したデータは、異なるセクターの人々の意見交換や集約を目的としている話し合いで、市民懇談会や協働ファシリテーション研修内での話し合いを含む。

なお、表1において、「初心者」は、ファシリテーター初心者である一般市民が進める話し合い、「経験浅」はファシリテーターについて経験の浅い自治体職員が進める話し合い、「熟練」はファシリテーターとして熟練しているNPOスタッフが進める話し合いである。

表1を見ればわかることではあるが、本章で扱う「まちづくりの話し合

表1　まちづくりの話し合いデータの概要

	参加者数(ファシリテーターを除く)	話し合いの時間
初心者-1	4人	約70分
初心者-2	4人	約70分
経験浅-1	7人	約120分
経験浅-2	8人	約120分
熟練-1	6人	約70分
熟練-2	6人	約70分

いデータ」は、参加者数や話し合いの時間という基本的な部分で統制が取れておらず、量的分析に適したデータであるとはいいがたい。もちろん、データ採集時にできるかぎり、統制の取れるように配慮することが最善ではあるが、現実場面に即したデータの場合は、必ずしもうまくいかないこともある。こうした事情を了解した上で、本章では可能な限り公正な分析となるように配慮したい。

3.　発話語数について

　本章の分析データは、まちづくりの話し合いの文字化記録である。ファシリテーターの熟練度を基準に、表1に示した「初心者」「経験浅」「熟練」の2本ずつ計6本を分析の対象とした。グループ別の話し合い記録であるため、総司会や他グループの発表などの発話は除き、ファシリテーター(「初心者」「熟練」は1名で、「経験浅」は2名)と、参加者(4名から8名)に分けて発話語数を集計した。文字化記録を分析するツールとして、樋口(2012)によるテキストマイニング KHcorder2.beta.32f を使用した(以下 KHcorder)。

　KHcorder の形態素解析には Chasen2.1 および IPADIC2.4.4 が使用されている。本データで用いた下記のような転記のための文字化記号については、削除して解析をおこなった。

第3章　量的分析に基づくファシリテーターの特性推定　43

表2　文字化転記に用いた記号

[笑]	非言語的特徴、必要な説明
<会社名>	企業名や製品名等の固有名詞
(+)	短い沈黙、ポーズ
(3.0)	一秒以上の沈黙(秒単位)
..../ ...... ￥...	重なり
(そうですね)	文字転記者の推測
(　　)	聞き取れない部分
?疑問文	上昇調、疑問文
―	発話が途中で切れている箇所

　表3はKHcorderによる総抽出語数に基づいて作成した。表1でも示した
とおり、それぞれの話し合いデータは、話し合いの時間はもちろん、話し合
い中の作業時間(無言時間)なども異なるため、発話語数に対する単純な比較
はできない。そのため、表3の一番右の列には、「ファシリテーター／参加
者」の値、すなわち「参加者の発話語数を100％とした場合のファシリテー
ターの発話語数の割合＝発話語数比率」を示した。主に本節の分析では、こ
のファシリテーターと参加者の発話語数比率を中心に比較することとする。

表3　ファシリテーターと参加者別の発話語数

	ファシリテーター	参加者	FT／参
初心者	2,518	29,311	8.59％
経験浅	14,506	36,614	39.62％
熟練	10,714	13,979	76.64％

＊表中のFTはファシリテーターの略

　表3を見ると、まずファシリテーターの発話語数の比率が熟練度によっ
てかなり異なることがわかる。「初心者」では、ファシリテーターの発話語
数そのものが極端に少ない。これを見ると、「初心者」「経験浅」「熟練」の
順に、割合が上昇していることがわかる。
　ファシリテーターとして、参加者の発話を促すために「話しすぎない」こ

とが重要であると言われることもあるため、ファシリテーターの発話語数比率が高くなることを手放しに歓迎することはできない。しかしながら、先にも述べた村田（2013: 61）のファシリテーターの8つの特徴を発揮しようとすれば、「ただ、傍観して黙っている」だけでは話し合いを支えることができないということもまた事実である。ファシリテーターの発話語数比率は高すぎても低すぎても、村田（2013: 61）で示されたファシリテーターとしての「話し合いのプロセスやフレームワークといった話し合いのメタ的言語情報の提示」といった特徴を発揮することはできないと考えられる。

　表3を見てみると、熟練ファシリテーターでも、参加者の発話語数を上回ってはいない。もちろん、表1にも示したように、ファシリテーター1人に対して「熟練」の場合、参加者は6人であるため、ファシリテーターの発話語数が少なくて当然であると考える向きもあるだろう。

　しかし、先にも述べたように、ファシリテーターの発話語数比率は少なすぎても、「話し合いのプロセスやフレームワークといった話し合いのメタ的言語情報の提示」が十分におこなえない。したがって、本データで示されたファシリテーターの発話比率は、まちづくりの話し合いにおけるファシリテーターの適切な発話語数比率（発話量）を考える上で、一つの目安になり得るのではないだろうか。

4.　発話ターン数について

　前節で分析したファシリテーターと参加者の発話語数比率が何を意味しているかをさらに考察するために、次にファシリテーターと参加者の発話ターン数（発話の多さ）と、1ターンあたりの発話語数（1発話の長さ）、そしてその比率に注目してみたい。

　発話語数に比べると全体にばらつきが小さくなっていることがわかる。まず、表4を縦に比較すると、「初心者」についてはターン数も1ターンあたりの発話語数も小さい。一方で、「経験浅」と「熟練」については、ターン数も1ターンあたりの発話語数も「経験浅」が「熟練」を上回っているこ

第 3 章　量的分析に基づくファシリテーターの特性推定　45

表 4　ファシリテーターと参加者別の発話ターン数

		FT	参加者	FT／参
初心者	発話ターン数	239	2,220	10.77％
	1 ターンあたり語数	10.54	13.20	79.85％
経験浅	発話ターン数	790	1,108	71.30％
	1 ターンあたり語数	18.36	33.05	55.55％
熟練	発話ターン数	696	984	70.73％
	1 ターンあたり語数	15.39	14.21	108.30％

＊表中の FT はファシリテーターの略

とがわかる。

　表 4 を横に比較してみると、「初心者」は発話ターン数が参加者の10.77％にとどまり、そもそも主導権がまったく採れていない。傍観に近いとっても過言ではない。一方、「経験浅」は 71.30％ と、発話ターンこそ多いものの、1 ターンあたりの発話語数は参加者の 55.55％ にとどまり、圧倒されていることがわかる。それに対して、「熟練」は発話語数比率では「経験浅」を大きく引き離して高かったが、発話ターン数比率では「経験浅」とほぼ同程度となった。

　これは、「経験浅」の参加者の特性が大きく影響している。表 1 に示したように、参加者数も「熟練」の 6 人に対して、「経験浅」は 7 〜 8 人と、やや多くなっているが、人数以上に「経験浅」の参加者は 1 ターンあたり「よく話す」参加者であった。「初心者」と「熟練」の参加者の 1 ターンあたりの発話語数がほぼ同じであり、「経験浅」だけがその 2.5 倍ほどという数値を見ても、いかに「経験浅」の参加者が 1 ターンあたり「よく話した」かがわかるだろう。

　こうしたある種、特徴的な参加者がまちづくりの話し合いに参加しているときに、ファシリテーターはそれに対抗しうる力が必要であると思われる。「経験浅」も「熟練」も発話ターン数では変わりがないため、経験浅ファシリテーターと熟練ファシリテーターを分ける特性として、1 ターンあたりの発話語数が重要となり得ると言える。

5. ファシリテーターの調整的発語について

本節では KHcorder による抽出語のうち、ファシリテーターが話し合いを主導する際に必要であると思われる語を「調整的発語」として取り上げ、その頻度をもとに考察をおこなう。考察をおこなうにあたって、KHcorder の前処理(形態素解析)によって抽出された語の総使用語数を示す。

樋口(2012: 11)によると、KHcorder における使用語とは、Chasen2.1 の品詞体系において、「名詞」「未知語」「感動詞」「フィラー」「動詞」「形容詞」「副詞」「助動詞(「ない」「まい」「ぬ」「ん」)」「形容詞 - 非自立(「がたい」「つらい」「にくい」等)」とされている。KHcorder では、これらの品詞以外(例えば助詞や多くの助動詞)は KHcorder では「その他」という品詞に振り分けられ、総使用語数には含まれない。すなわち、KHcorder の品詞における総使用語数とは、助詞や助動詞(否定の助動詞を除く)などの機能語を除いた実質語数であるといってほぼ間違いない。この KHcorder による総使用語数を表 5 に示す。

表 5　KHcorder による総使用語数

	ファシリテーター	参加者
初心者	784	9,974
経験浅	4,467	11,585
熟練	3,578	4,535

表 5 の抽出異なり語のうち、KHcorder のオプションによって頻度上位各 150 語を取り出した。KHcorder のオプションの「頻出 150 語」では、上記で示した「その他」を除外した総使用語から、さらに一般的な語を多く含む品詞「未知語」「感動詞」「名詞 B(平仮名のみの語)」「動詞 B(平仮名のみの語)」「否定助動詞」「形容詞(非自立)」を除外してリスト化される。すなわち、実質語の中でも、特に独立した語として見なされやすい語がリストアップされることになる。

この頻度上位各 150 語から、ファシリテーターは使用するけれども、参

加者は使用しない／使用頻度が少ない語を抽出し、「調整的発語」として考察すべきと思われる語を選定して表6に示した。ただし、表1と表5に示した通り、データごとに話し合い時間や総使用語数が異なるため、単純な比較をすることができない。そこで、各データを比較するための調整として、「粗頻度／総使用語数×10,000」を「調整頻度」と定義して求めた。表6の各欄の左が粗頻度、右が調整頻度である。

表6　調整的発語の粗頻度／調整頻度

	初心者FT		経験浅FT		熟練FT		参加者計	
皆さん／皆さま	7	89.29	37	82.83	36	100.61	12	10.36
決める	3	38.27	13	29.10	22	61.49	29	35.09
今回	2	25.51	5	11.19	4	11.18	0	0.00
アイデア	0	0.00	10	22.39	9	25.15	0	0.00
課題	0	0.00	10	22.39	3	8.38	0	0.00
ステップ	0	0.00	13	29.10	0	0.00	0	0.00
整理	0	0.00	5	11.19	6	16.77	0	0.00
ルール	0	0.00	3	6.72	5	13.97	0	0.00
後で	0	0.00	4	8.95	4	11.18	0	0.00
議論	0	0.00	4	8.95	3	8.38	0	0.00

＊表中のFTはファシリテーターの略

　「皆さん／皆さま」は、ファシリテーターだけではなく参加者も使うが、ファシリテーターの調整頻度が圧倒的に高く、ファシリテーターに特有な調整的発語と言えそうである。熟練度合いによる差はそれほど見られない。

　「決める」も、ファシリテーターだけではなく参加者も使うが、熟練ファシリテーターの調整頻度が高くなっている。「決める」は、村田（2013: 61）の指摘する「7. 繰り返し合意項目を確認し、小さな合意を大きなテーマの合意につなげる」という話し合いのメタ的言語情報であると言え、熟練度合いによって使用に差が見られるのは興味深い。

　「今回」は、参加者には出現せず、ファシリテーターにのみ出現した語で

ある。調整頻度で比較すると、初心者ファシリテーターの使用が、経験浅ファシリテーターと熟練ファシリテーターのほぼ倍の使用となっている。しかしながら、使用された談話の文脈を確認してみると、初心者ファシリテーターの発話での「今回」の2回は、「自分がどうしてファシリテーターをすることになったのか」という文脈で出現しており、話し合いのメタ的言語情報とは言いがたい。それに対して、経験浅ファシリテーターと熟練ファシリテーターの「今回」は、「今回の場合」や「今回の目的」などのようなコロケーションが確認でき、話し合いのメタ的言語情報として機能している。こうした点は、粗頻度や調整頻度だけでなく、談話の文脈を確認することが重要であることを示唆していると言える。

　「アイデア」以降は、初心者ファシリテーターには出現せず、経験浅ファシリテーターと熟練ファシリテーターに見られた調整的発語である。これらは、参加者にも一例も出現していない。例えば、「熟練」では「いろんなアイデアを出していきたいと思います」や「もっといろいろアイデアが出てると思うんですけど」など、多様性を表す修飾語と共に、新しい意見を求めるために使われている。同様の傾向は「課題」にも見られる。一方で、「整理」「後で」「議論」はまさに話し合いの調整的発語として機能しており、ファシリテーターが話し合いの流れを調整するために使用するメタ的言語情報と言える。

　最後に「ステップ」については、経験浅ファシリテーターだけに出現しており、他のファシリテーターには出現していない。談話の文脈を確認してみると、話し合いの「型」としてのマニュアルに沿った発言であり、自主的な発話ではない。しかも、マニュアルを参照している場面で集中的に出現しており、頻度情報は信頼性に欠ける。「ステップ」が、自主的に発話された語なのであれば、村田（2013: 61）の「8. 話題の変わり目は、ことばで明示的に表している」という話し合いのメタ的言語情報になり得ると思われるが、ここでは調整的発語としての役割を果たしていない。頻度情報だけでは、こうした落とし穴があることを十分に理解して、量的分析に臨まなければならない。

6. 対応分析

　本節では、まちづくりの話し合いの各データの特性を把握することを目的として、各話し合いデータの使用語の粗頻度を、ファシリテーターと参加者に分けて集計した結果を用いて対応分析によって検討する。文書と見なす単位は段落（ターン）とし、最小出現数 50、最小文書数 1、抽出品詞は「名詞」「サ変名詞」「形容動詞」「副詞可能」「動詞」「形容詞」「副詞」という条件で、49 語が分析の対象となった。樋口（2012: 52）によると、「対応分析では、分析に用いるデータ表として「抽出語×文書」を選択した場合、集計単位の選択が重要になる。と言うのも、仮に語と語の出現パターンが似通っているかどうかを分析する場合、「それらの語が同じ『文書』中によく出現しているかどうか」という情報が、分析の基礎となるからである」とある。したがって、本章では、一発話ターンにあたる段落を重要な単位として文書と見なす。

　これらの条件に基づき対応分析で検討した結果、成分 1 の寄与率が 39.91％、成分 2 の寄与率が 29.21％であった。

　図 1 を見てみると、成分 1 を示す横軸では「熟練」のデータが−1 付近、「経験浅」のデータが＋1 付近と大きく位置が離れていながらも、それぞれのデータにおける参加者とファシリテーターが概ね並んでいることから、話し合いの話題によって位置づけられていると推察できる。このように、成分 1 が話題によって位置づけられると解釈するならば、「経験浅」と「熟練」は、成分 1 を示す横軸で見るとほぼ同位置に見られる一方で、「初心者」は成分 1 の横軸で見てみると、明らかな「ずれ」が見られる点が注目される。

　成分 2 を示す縦軸では、いずれもファシリテーターが参加者よりも負の方向に位置づけられ、熟練度が高いとやはり負の方向に位置づけられていることから、ファシリテーターの専門性が高いと負の方向に位置づけられていると解釈できる。話題の影響を大きく受けつつも、成分 2 を示す縦軸は熟練度の軸として読み取ることができ、「初心者」のデータでは、ファシリテーターと参加者の差が小さい点が興味深い。

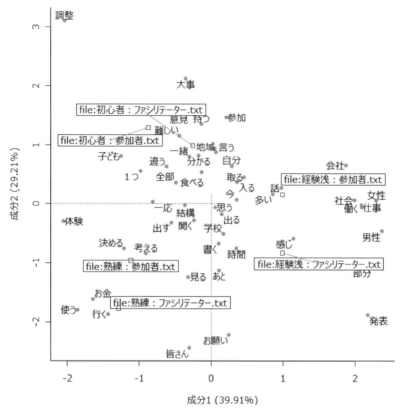

図 1　熟練度×FT／参加者の粗頻度に基づく対応分析

　成分 1 と成分 2 の傾向を併せて解釈すると、同一話題に基づいた話し合いの文字化記録である以上、「初心者」「経験浅」「熟練」それぞれのデータにおいて、ファシリテーターと参加者が対応分析で近接位置にプロットされるのは当然である。しかし、「初心者」のデータについては、話題と解釈される横軸の成分 1 では「ずれ」が見られ、熟練度と解釈される縦軸の成分 2 では「差が小さい」という結果になっている。

　これらの分析から、使用語の粗頻度の量的分析という主観を排除した分析でも、ファシリテーターの特性を推定できる可能性を示せたと言えるのではないだろうか。

7. まとめと今後の課題

　本章では、まちづくりの話し合いにおいて、参加する市民やファシリテーターの発話について、発話語数と発話ターン数を量的に概観し、さらに話し合いの中に埋め込まれた調整的発語の特徴から、ファシリテーターの話し合いの流れの調整について考察した。さらに、熟練度とファシリテーター／参加者の粗頻度に基づく対応分析により、「初心者」「経験浅」「熟練」ファシリテーターの特性について分析をおこなった。その結果、話題と熟練度と解釈される二つの成分から、特に「初心者」ファシリテーターの特性が推定できる可能性を示した。

　冒頭で述べたことをもう一度ふりかえってみると、まちづくりの話し合いにおいて「よい話し合い」とは何を指すのだろうかというのが本章の出発点であった。そして、その「よい話し合い」を支えると言われるファシリテーターの特性とはいかなるものだろうかというリサーチクエスチョンに対して、量的分析で何らかの答えを示すということは部分的に成功したと言えるのではないだろうか。

　村田（2013: 61）の示したファシリテーターの特性は、言語の対人関係機能面（ポライトネス）に関わるストラテジーと、話し合いのプロセスやフレームワークといった話し合いのメタ的言語情報の提示をおこなうストラテジーである。本章では特に後者の話し合いのメタ的言語情報の提示がどのようにおこなわれているかということを、テキストマイニングの手法を用いて調整的発語の特徴と、対応分析から考察をおこなった。質的な分析と量的な分析は、どちらが優れているとか適していると決められるものではなく、互いを往還しながら進められるべきであると考える。質的な分析によって、ファシリテーターの特性を抽出すれば、それを量的な分析によって検証すべきであるし、量的な分析によって人手では見えて来なかった特性が見えてくれば、それが本当に話し合いの中で特性として働いているかを検証するといった次第である。

　社会言語学や談話分析において、量的分析はこれまでも多く取り入れられ

てきたわけであるが、形態素解析を初めとする自然言語処理研究の進展により、個人研究のレベルでも数百万語、数千万語規模の量的分析がおこなえるようになってきた。言語学でも語彙研究や文法研究では、コーパスを用いた量的分析が普及しつつある。

ただし、これらのコーパス研究は、まずは比較的に整った書き言葉の分析が先行しているのが現状である。確かに話し言葉については、書き言葉に比べると解析精度などの面で劣る部分がある。しかし、言語研究者は談話データを目で見て確認し、分析が可能である点が有利な点である。まだまだ解析精度が不安定な話し言葉データ(話し合い)を扱う分析においては、各研究者が量的分析と質的分析を棲み分けるのではなく、1人の研究者が量的にも質的にもデータが分析できることに大きな意味があると思う次第である。

参考文献

樋口耕一(2012)「KH Coder 2.x リファレンスマニュアル(KHCoder2.beta.32fに同梱)」 http://khc.sourceforge.net/

樋口耕一(2014)『社会調査のための計量テキスト分析―内容分析の継承と発展を目指して』ナカニシヤ出版

村田和代(2013)「まちづくり系ワークショップ・ファシリテーターに見られる言語的ふるまいの特徴とその効果―ビジネスミーティング司会者との比較を通して」『社会言語科学』16(1): pp.49–64.

付記

本章は社会言語科学会第36回研究大会ワークショップ「まちづくりの社会学―言語学・社会学からのアプローチ―」(於:京都教育大学)での同名の発表ならびに、『社会言語科学』第18巻第2号のpp.94–96の同名の報告を基に大幅な加筆・修正をおこなったものである。

本章における分析には、樋口耕一氏によるKH Coder2.beta.32fを使用させていただいた。記して感謝申し上げたい。また、研究データの取得をご許可くださった各自治体の関係者並びにファシリテーターの方々、ならびに研究に取り組む機会を与えてくださった龍谷大学地域公共人材・政策開発リサーチセンター(LORC)に深く感謝申し上げたい。

第4章

話し合いに影響する心理的要因と
裁判員模擬評議における合意の形成過程

荒川 歩

私と話し合いとのかかわり

　印象に残っている話し合いの体験は、高校のワンダーフォーゲル部の部長をやっていたときのこと、部が使わせてもらっている山小屋を引き続き破格の賃料で利用させてもらおうと、地権者のところに顧問の先生に連れられていった時のことです。さぞ緊迫した交渉が行われるのかと緊張していたのですが、顧問の先生も地権者の「おじいさん」も、山小屋のことも土地のことも全く触れず3時間あまり世間話。トイレの我慢も限界に来た最後の5分くらいでやっと話が出たかと思うと、交渉らしいものがあるわけでもなくさらっと使っていいという話になって終わりました。密閉された空間での充満するたばこの煙のにおいの強い印象とともに、話し合いというものはこういうものかと分かったような分からないような気になった出来事でした。これが心理学をやっていく中で、裁判員の評議研究に関心をもったきっかけかもしれません。

要旨

　本章では、心理学的要因が話し合いに与える影響を少し紹介した上で、裁判員評議の研究を例に、自分の利害とは直接関係がなく、かつ専門性の異なるアクターが参加する話し合いにおいて、それを充実させる方法について検討した。話し合いには心理的要因が多重的に影響していることは明らかである。また、その話し合いが終わった後にも実効性がある話し合いをするには、参加する人をエンパワーし、より専門性が高い人、立場が強くなりがちな人が、そうでない人の語られない論理をいかに拾い上げるかが、重要になると考えられた。

話し合いで人は、時に歪み合うし、時に議論なしにあうんの呼吸で合意することもある。同じテーマであっても常に同じ話し合いが行われるわけではなく、参加者によって大きく異なる。これは、同じテーマであっても参加者が違えば人はそれぞれ異なる振る舞いをし、また、感情など様々な心理的要因の影響を受けるからである。本章では、話し合いに影響を与える心理的要因を整理した上で、裁判員の評議場面を題材に、この問題を考えてみたい。

1. 話し合いに影響を与える感情要因

強い感情は、情報処理に配分する作業記憶(ワーキングメモリ)の容量を小さくする。たとえば不安を感じている人はそうでない人に比べ、記憶の想起や統合がうまくできず、論理的な推論の妥当性の評価に時間がかかり、他の選択肢の考慮が不十分になることが知られている(Pham 2007)。その感情が何に由来するにせよ、つまり、話し合いの主題に起因するものであれ、話し合いの手続きに起因するものであれ、他の人のちょっとしたしぐさに起因するものであれ、さらに言えば、話し合いとは無関係の家庭の心配事に起因するものであれ、それは人の認知や判断、行動に影響する場合がある。これは多くの心理学の研究において示されていることである。

このような面からみると、感情というのは話し合いにネガティブな影響を与えるように見える(たとえば「感情的な話し合い」「感情論」というのは、たいてい否定的な意味でつかわれる)。「感情に流されないように」というのは、後述する裁判員の経験者がよく口にすることの一つである。

しかし、このような直観とは逆に、近年の心理学の研究では、感情にも合理的な機能があることが指摘されている(遠藤 2013)。たとえば人は一度、ある食品を食べて気分が悪くなる経験があると、それやそれと似たものに対しては嫌悪の感情を抱くことによって食べないようにする。このことは身を守るうえで合理的なことである。しかし、これは常に合理的に働くとは言えない。男性から性的な被害を受けた女性は、加害者だけではなく、加害者とどことなく似た男性、あるいは男性全般に嫌悪感を抱いて、それをぬぐえな

いかもしれない。このように、悲惨な出来事に遭遇したとき感情的変化があるのはある一面においては適応的なことであるが、感情的変化が不要な場面でもそこから逃れることができないPTSDのように過剰に働いてしまう場合もある。それでも人に感情があるのは、全体的にみればまあまあうまくいくシステムであるから、進化の過程で維持されていると考えられる。つまり、先にあげたように、一見その話し合いに関係ないことに起因するネガティブな感情であってもその感情が起こるということは、話し合い以外のところででもネガティブな感情を感じることが多いということであり、自分の方法がうまくいっていない可能性があるので、あまり大きな判断に同意しない方がいいのかもしれない。

　感情のもつ合理的な機能を踏まえれば、感情もまた、話し合いの重要な要素であり、必要なのは感情を否定することではなく、その感情の理由を精査することかもしれない。実際、一見感情を排除して理性で判断するところと考えられがちな法廷のような場面においてすら、感情は重視される。アメリカの法曹のための弁論の理論書である『現代アメリカ法廷技法』(Lubet 2004＝菅原・小田・岡田訳2009)では「公判での主張は説得論拠と説得主題の両方を備えていなくてはならない」としたうえで、「説得論拠が論理に訴えなくてはならないのと全く同様に、説得主題は、社会の価値観に訴えなくてはならない。論理的な説得論拠は事実認定者に評決が下されなくてはならない理由を伝える。…説得主題は…説得論拠を社会の価値観の観点で正当化し、主張のもつ正義感に訴えるものである。」(一部引用者略)としている。

2.　話し合いに影響するさまざまな心理的要因

　話し合いに影響する心理的要因は、感情だけではない。話し合いは、話し合う集団の文脈(これまでの経緯)や凝集性(集団としてのまとまり)といった集団の心理的要因、参加者の関係性や知識(当該問題に対する知識とその格差)、コミュニケーション能力、コミュニケーションスタイル、性格、個人の文脈、他の参加者との関係性や態度などの個人の心理的要因などによって

ダイナミックに変化する。加えて、座席の配置やその場の空間的属性などによっても影響を受けることが知られている（たとえば、ベトナム戦争のパリ講和会議の机の配置デザインの決定には 8 か月かかったと言われる）。また、集団極化や集合的浅慮など集団においておこる非合理的な効果も無視できない(cf. 釘原 2011)。

　このうち参加者のコミュニケーションスタイルも話し合いの有り様を決定する重要な要素である。「仕切りたがる人」ばかりでは話し合いの方向性が行ったり来たりし、逆に、他の人が何か言うのを待っている人ばかりでは話し合いにならないだろう。このコミュニケーションスタイルについて藤本(2013)は、主張好きの表出系（能動型、主体型、我執型）と聞き上手の受け身的な反応系（受動型、自制型、凡庸型）、そしてそれらを臨機応変にこなせる万能型と、聞くのも話すのも苦手な回避型の 4 類型に大きくわけている。これらは、同じ個人でも場面によってある程度異なるとはいえ、すべての人が柔軟にすべての役割をこなせるわけではないというのも事実であろう（藤本 2013)。話し合いの中に、他の参加者にかまわず自分の主張を繰り返す我執型の人がいて、他方で自分の気持ちや意見を表現することができない反応系の人がいた場合、後になって、そもそも一部の人が話し合いについてきていなかったことに気づいたり、最初の段階で合意したはずの話に実は納得していなかったと蒸し返されたりしたとき、話し合いをうまく機能させるのは難しい。

3.　話し合いのために人をエンパワーすることは可能か？

　もちろん偶然コミュニケーション能力の高い人だけが集まればよいのかもしれないが、どのような話し合いにおいても、話し合いの参加者を高度なコミュニケーション能力をもった人に限ることは不可能であり、また不適切である場合も多いだろう。では、話し合い参加者を高度なコミュニケーション能力をもった人に限ることはせず、さまざまなタイプの人が参加した場合、それでもその参加者をエンパワーして話し合いをよりよいものにすることは

可能だろうか？　人は普段、自分が何者であるかという自己定義に基づいて自らに制約を課している。そのため自分がいつも行う振る舞い方以外の振る舞い方を知っていれば、いつもと違う役割を演ずることができる場合がある。このことを考えれば上の問いに対する答えは「可能である」かもしれない。以下の節では裁判員の評議を中心に、話し合いのために人をエンパワーする可能性について考えてみたい。

　その前に、裁判員の評議と一般的な話し合い場面の関係を整理しておく必要があろう。本章で論じる裁判員の評議場面は、話し合い場面として他の多くの章で扱っている話し合い場面とは性質をやや異にする。裁判員の評議で話し合いに参加しているのは、問題（事件）の直接的な当事者（被害者・犯人・目撃者）でもないし、直接的な利害関係者（被告人・被害者）でもない[1]。そのため、どのような基準・プロセスで判断が行われ、どのような結論が下されるかには、世界観、正義感が関わるとはいえ、極端に言えば、どういうふうに話し合いが行われ、どういう結論になっても参加者の生活が何か変わるわけではない。

　この裁判員のように、参加者が自分が参加している話し合いは自分と直接関係のないものと感じた場合には、当然、そうでない場合とはさまざまな点で話し合いの有り様や結論が変化する。たとえば、人は、問題に関心が弱い場合には専門知識や技術・経験・資格の有無といった能力や、誠実さ、公正さ、まじめさなどの動機づけの高い人の意見を信用しやすくなる。一方で、問題関心が強い場合には判断者と自分の価値観が近いか否かを重視する（中谷内・Cvetkovich, 2008）。たとえば、原発事故が起こる前には、多くの人にとってその問題についての関心は高くはなく、そのため、専門家がしっかりした手続きを踏んで管理していればいいと考える人が多かった。それに対し、事故が起こって関心が高くなると、専門家への信頼が揺らぎ、自分と同じ目線で管理をしてくれるか否かを信頼の基礎とすることが多くなったと考えられる。よって、たとえば自分の住む地域を具体的にどうするかという話し合いと裁判員の評議のような話し合いでは、話し合いの有り様が同じ部分もあれば、異なる部分もあると思われる。

4. 市民＝裁判員？

　裁判員とは、司法手続に参加するために一定条件下で選出された市民であり、法の専門家ではない。しかし、法や法的手続きに対しても、法が背景としているような正義に対しても、何らかの考えを持っていることがある。

　たとえば、市民は裁判員の役割について色々なイメージをもっている。図1は、大学生に対して行った、裁判員の役割として重要なのはどれだと思うかを複数選択可で聞いたものである。彼らは裁判員の役割としてさまざまなものを意識していることが読み取れるが、この後、被告人の殺意の有無が争われている殺人事件のシナリオを読んで、殺意の有無を判断してもらうと、もともと裁判員はどのような役割であると考えていたかによって殺意の有無判断に違いが認められた(図2)。

　この結果だけを見ると、誰が裁判員かによって判決が大きく異なるのではないかと思うかもしれない。しかし、ここで重要なのは、市民は裁判員として選任されると市民そのままで判断するわけではないということである。

　たとえば、責任能力の有無が争点になっている事件のシナリオを読んで、「心神喪失で無罪」か「心神耗弱で有罪」かを判断する実験では、裁判員の役割として法律遵守を強調した説示を事前に読んでもらう群だけではなく、

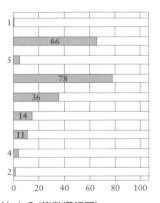

図1　裁判員の役割として重要なのはどれか？（複数選択可）
（荒川(2014)ratik から許可を得て再録）

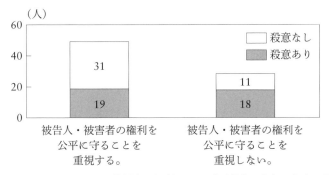

図2　もともともっている裁判官の役割イメージが殺意の有無に与える影響（荒川（2014）ratik から許可を得て再録）

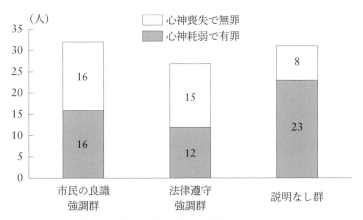

図3　役割強調が有罪無罪判断に与える影響

裁判員の役割として市民の良識を反映させることを強調した説示を事前に読んでもらう群においても、何の説明もない群に比べて有罪判断率が下がる（図3）。すなわち、裁判員は、裁判員に選出され、公判や評議に参加する中で役割を学習し、振る舞い方が変化していくと考えられる。

このように話し合いの中で役割が変化するのは、裁判員評議という話し合いだけに特有なことではないだろう。話し合いの中で（ときにはその前後も含めて）、人は、自分の役割を模索し、その場で望まれる役割を十分に果たせるように、自分のできる範囲内で振る舞いを変化させると考えられる。た

だし、これは、裁判員のような、互いに日頃関係のない人同士であるからこそより容易になされるともいえる。パーソナリティに関する心理学の理論の一つである状況論は、人の振る舞いは状況に依存していると考える。そのため、同じ状況(たとえばよく知っているメンバー)のなかでは、いつもと違う振る舞いをするのは難しいかもしれない。

5. 裁判員評議の場面における専門家―非専門家ギャップ

　前節では、市民が学習し、エンパワーされる可能性を論じたが、このエンパワーについて、裁判員評議に関しては難しい問題がある。法の非専門家である市民が裁判員として裁判に参加することの意義は、裁判官とは異なる市民の良識を司法に反映することにあるのに対して、その裁判員をエンパワーするのは、裁判官を始め、検察官、弁護人という法の専門家にならざるを得ず、結果的に即席のプチ法律家を作る方向にどうしてもエンパワーしてしまうのではないかという点である。このねじれをどう捉えるのかについては大きく分けて二つの言説がある。一つは、裁判員を感情的で非合理的な判断をする存在と捉え、裁判官を合理的な存在と捉え、だからこのような方向のエンパワーが必要と考える言説であり、もう一つは、裁判員を良識の反映者と捉え、裁判官を全く意図しなくても法的に説得／抑圧する可能性のある存在として捉え、だからエンパワーの方向には注意が必要と考える言説である。このような二対の言説はおそらくは裁判員に限らず、他の話し合い場面でも見られるものであろう(たとえば、科学技術の安全性を説く科学者――懐疑的な市民、政治家――市民団体)。

　このような価値観の違いは、「理想的な評議(話し合い)」をどう測定するかというその測定の仕方によっても示される(表1参照)。ある人は多くの発言があったことをもってよい話し合いかどうかを判断し、ある人は参加者が満足したかどうかでよい話し合いかどうかを判断しようとするだろう。これらはそれぞれの人間観に基づいた主張であるが、建設的な議論のためには、どのようにすれば専門家と非専門家の両者のもつ良い点を生かし、悪い

第4章　話し合いに影響する心理的要因と裁判員模擬評議における合意の形成過程　61

表1　話し合いの測定方法とその背後にある価値観

測定内容	背景にある価値
①発言量（発言頻度や時間）や発言バランス	発言数／量が十分多い、または発言数／量に偏りがないのが良い話し合いである
②学者によって重要であるとされた論点の議論充足率	必要な論点を十分議論するのが良い話し合いである
③提案された論点数	多様な意見が出るのが良い話し合いである
④丁寧に議論された論点数／提案された論点数	出された意見が十分に丁寧に論じられるのが良い話し合いである
⑤（教室談話など）「望ましくない」現象の有無	「望ましくない」現象がないのが良い話し合いである
⑥結論に対する専門家から見た妥当性	専門家からみた正しい答えに到達できるのが良い評議である。
⑦結論に対する社会の評価	社会からみた正しい答えに到達できるのが良い評議である。
⑧結論・手続きに対する裁判員・裁判官の納得度	当事者みんなに納得された結論に至るのがよい評議である。
⑨（直後の）裁判員・裁判官の満足度	話し合った当時者が満足度の高いのが良い評議である。
⑩（しばらく後の）裁判員・裁判官の満足度？	時間がたって、文脈が変わってからの満足度が高いのが良い評議である。

点を抑制するのかを考えることが必要であろう。そのためには、専門家と非専門家で何が異なるかを整理する必要がある。

6.　専門家と非専門家で何が違うか

　専門家としての裁判官は、①専門的知識、②事件についての論理的な考え方、③判例（他の裁判官が判断してきたこと）についての知識、④事件を判断してきた経験、⑤評議を行ってきた経験などをもち、加えて、①裁判官としての社会的関係性、②裁判官としての文脈を負っている。

他方、非専門家である市民は、①それぞれの専門性知識、②法的な専門性から独立した思考、③報道やドラマなどで吸収した事件や法のイメージ・知識、④市民としての、望ましい社会のイメージ、などをもっており、加えて、①（自身のイメージする）裁判員としての役務を十分果たさなければという意識や、②裁判所以外での日常生活、③人としての感情（場違いなことを言って恥をかきたくない。裁判官から認められたい…など）を負っている。

　議論を建設的にするには、これらをタペストリーのように組み合わせ、一部の特性の活用を抑制したり、逆に一部の特性の活用を担保したりできるような制度的な下支えを考慮することが必要になる。裁判員として選ばれるまで市民が法的に判断することはほとんどないので、市民は自分たちの振る舞い方も、裁判の中で学ぶ必要があることを意味する。そのため、市民にはそもそも裁判員としてどこまで裁量があるのかはわかりにくい。たとえば、実際には①法的に決まっているレベルの問題（例：責任無能力は無罪）から、②法的な定めはないが定石となっているレベルの問題（例：殺意はこうこうこういう条件で判断する）、③評議体の判断にゆだねられているレベルの問題、があるにも関わらず、裁判員がそれぞれの範囲を理解するのは難しい。そのため、「私は心神喪失でも有罪とすべきだと思います」「心神喪失だと無罪になるんでしたら、心神耗弱だと思います」というように自分たちの判断できる範囲を広く捉えたり、逆に、「そういう風に判断すると裁判官の先生方がおっしゃるんでしたらきっとそうなんだろうと思います」というように過剰に狭く捉えたりすることがある。

　これは、裁判官側の努力だけで解決できる問題ではない。たとえ裁判官が裁判員の意見を公平に聞き出そうとしても難しい場合がある。なぜなら一つには、心理学の中では正当性勢力、専門性勢力という言葉で論じられるように、専門家や知識を持っている人の意見に対して専門家でない人はそれと異なるアイデアは出しにくいことがあるからである。加えて、法律家が長年にわたって培ってきた理論や考えの合理性に接したとき、裁判員には、自分の意見をその合理性のレベルまで積み上げて議論する努力を維持するのが難しく、他者の意見がそれはそれとして合理的な意見なので、そのまま反論しな

いでいると、同程度に合理的な他のアイデアが存在する可能性を検討するのが難しくなる場合があるからである。その結果、裁判員の意見は、評議の中で、裁判官に近い意見に変わることが少なくないと考えられる。

7. 専門家と非専門家の融和の有り様のモデル

従来の二つの言説を乗り越えるためには、どのような話し合いによる融和があり得るのかをモデルとして考えることは有用である。たとえば、従来の専門家と非専門家の融和のモデルは、専門家の専門性を優先し、非専門家のもつ別の専門性を活用するというものである（モデル1）。たとえば、包丁による殺人事件において、刺し傷の深さと殺意の有無の認定の関係が問題になっているとき、裁判員の「食肉加工の仕事をしているんですが、普通の包丁で肉を切るのってすごく力がいるんです」という意見が重用されるというのはこのモデルの例である。

第2のモデルは、非専門家が、専門家の論理や結論のチェック機構として機能するというモデルである（モデル2）。このモデルでは、非専門家側からの積極的な発信には重きが置かれておらず、専門家の論理や結論が世間の常識から離れていないか、説明不足ではないか、わかりにくいものになっていないかをチェックすることに重きが置かれている。

第3のモデルでは、第2のモデルとは逆に、非専門家の感覚を法律的に構成できる可能性について専門家側が十分検討するというものである（モデル3）。このモデルでは、非専門家が積極的に発信を行う。それは時に感情的で十分な論理を含んでいないように一見見える可能性がある。それでもその提案に専門家が法的論理的な説明をできるだけ付与し、時には、法律家自身が生成した主張と比べ、検討するというものである。

以上のように、ここでは三つのモデルの例示にとどめたが、このように両者のもつ異なる特徴のどの部分を生かすかによってさまざまなモデルを想定することができる。それらの組み合わせを検討することは、専門性の異なる人が参加する効果的な話し合いの理解に役立つだろう。

8. 心理学と裁判員研究から話し合い学への示唆

　本章では、話し合いに影響を与える心理学的要因を少し紹介した上で、裁判員評議の研究を例に、自分の利害とは直接関係がなく、かつ専門性の異なるアクターが参加する話し合いを充実させる方法について検討してきた。話し合いには心理的要因が多重的に影響していることは明らかである。その話し合いが終わった後にも実効性がある話し合いをするには、参加する人をエンパワーし、より専門性が高い人、立場が強くなりがちな人が、そうでない人の語られない論理をいかに拾い上げるかが、重要になると考えられる。

注

1　厳密に言えば、それは、問題が事件そのものではなく、事件に対して国家がどのように法的に判断するかであるからであり、その意味では言えば、主権者である国民は、問題の当事者であるといえる。

参考文献

荒川歩 (2014)『「裁判員」の形成、その心理学的解明』ratik

遠藤利彦 (2013)『「情の理」論　情動の合理性をめぐる心理学的考究』東京大学出版会

釘原直樹 (2011)『グループ・ダイナミックス　集団と群集の心理学』有斐閣

中谷内一也・Cvetkovich, G. (2008)「リスク管理機関への信頼―SVS モデルと伝統的信頼モデルの統合」『社会心理学研究』23: pp.259–268.

藤本学 (2013)「コミュニケーション・スキルの実践的研究に向けた ENDCORE モデルの実証的・概念的検討」『パーソナリティ研究』22: pp.156–167.

Lubet, Steven (2004) *Modern Trial Advocacy.* Indiana: NITA
　　（菅原郁夫・小田敬美・岡田悦典訳 (2009)『現代アメリカ法廷技法―弁論・尋問の分析と実践』慈学社）

Pham, Michel T. (2007) Emotion and rationality: A critical review and interpretation of empirical evidence. *Review of General Psychology* 11: pp.155–178.

第5章

地域イノベーションの生成と「話し合い」

杉山武志

私と話し合いとのかかわり

　専門は社会経済地理学です。大学では「地域コミュニティ論」を教えています。私は学部を卒業後、すぐに大学院へ進学するのではなく、地域活性化に携わる実務家になりました。地域活性化に向けては、色々な「話し合い」が行われるのですが、私も若輩だったのでしょう、なかなかうまく進めることができなかったことを思い出します。こうした現場でのもどかしい経験から、主体が円滑に地域コミュニティに参加できる地理的環境や多様性の承認といった研究を進めてきた要因になっていますし、「話し合い」についての研究にも参加する理由の一つになっています。

　最近は、学生と一緒に地域に入ってワークショップを開催したり、地域の人たちの悩みや課題について話し合う機会が増えてきています。「話し合い」についての研究を深耕していくこと、よりよい「話し合い」に向けての知見を得ていくことは、地域においても急務になってきていると感じています。

要旨

　本章は、地域イノベーションと「話し合い」の関係を解きほぐすための論点を整理したうえで、事例として神奈川県鎌倉市を中心に活動する「カマコン」という組織が取り組むコミュニティビジネスを検討した。ここでは、競争優位の確立や特定の産業分野による技術開発のための環境を講じる「地域イノベーション」ではなく、互酬性ベースの新結合を起こす地域イノベーション概念を重視している。もちろん後者の地域イノベーション概念においても、イノベーション論の一端を担う限りラディカルさを伴う場合がある。こうしたラディカルさとパラレルに"賢明な知恵"を紡ぎ出す「話し合い」が地域イノベーションの生成において大切になることを提起した。

1.　はじめに

　「もはや戦後ではない」──有名な 1956 年（昭和 31 年）度の『経済白書』は、「『白書男』とでも呼びうるほどに活躍した官庁エコノミスト後藤誉之助の手」によって作成されたという（吉川 2012: 74）。他方で当該『経済白書』のなかでは、大事な言葉に邦訳を充てる出来事が起きている。シュムペーターによる「イノベーション」に「技術革新」という訳語を当て世に広めた（吉川 2012: 74）白書でもある。

　「イノベーション」について論じられるときには、総じて上述の「技術革新」についての払拭から議論がはじめられる。たとえば「イノベーションという言葉は、しばしば技術革新と訳されるが、しかし新技術開発だけではイノベーションにはならない」（伊丹 2009: 2）といった具合である。そして、シュムペーターやドラッカーの言葉を引用しつつ、イノベーションが「新結合」であること（野中・廣瀬・平田 2014: 19–20）が示された上で、「技術革新」にとどまらない視点も論じられる。すなわち、「社会のさまざまな問題や課題に対して、より善い社会の実現を目指し、人々が知識や知恵を出し合い、新たな方法で社会の仕組みを刷新していく」（野中・廣瀬・平田 2014: 20）こともイノベーションとされる。技術を基盤としたイノベーション論が展開されるなかにおいても「人間の社会生活を大きく改変する」視点は重視される（伊丹 2009: 2）。それにもかかわらず、いまもなお「イノベーション＝技術革新」の意味で使われることが一般的には多い現状にある。それほど、高度経済成長に突入していこうとしていた神武景気時期の「技術革新」という邦訳のインパクトは強烈だったのかもしれない。しかし、技術をめぐる議論も大切とはいえ、21 世紀も 16 年が経過した現代のイノベーションに含意される意味は"もはや技術革新だけではない"ことを直視する必要がある。

　さて、筆者に与えられた主題である「地域イノベーション」も、「技術革新」が中心的話題となってきた感は否めない。これから詳述するが、特定産業や競争優位性が重視される産業クラスター計画の一環として「地域イノ

ベーション」政策が論じられる（三橋 2013: 58–59）傾向にある。しかし、イノベーションとは本来、コミュニティや人間に働きかける概念とされている（ドラッカー 2000: 89、95）。社会学者、経済学者、教育者、企業人、政治家、NPO のリーダーたち、あらゆる職業の人、父親と母親、組織の従業員、市民といった多様な主体が一体となって社会的イノベーションに取り組む（ドラッカー 2000: 69–70）ことにこそイノベーション論の根幹がある。地域にかかわるイノベーション論であるならば、ことさら多様な主体が身近な地域コミュニティの知恵を紡ぎ出す概念として提起される必要がある。

　後者の意味としての地域イノベーションが斯学においてそれほど論じられてこなかった原因の一つには、地域なりコミュニティのための新たな結合関係の道筋が必ずしも示されてこなかったこともあげられるのではなかろうか。その道筋を示す一端として、「話し合い」が有効性を発揮する可能性は想定されてよい。そこで本章では、地域イノベーションの生成に向けて「話し合い」の視点を論じる意義について、事例も交えながら考察することを目的としたい。

　以下ではまず、本章における地域イノベーションの視座を整理して「話し合い」の議論につなげていく。ここでは、地域に関わりの深い学問である地理学やその関連分野を手がかりに検討を進める。そのうえで神奈川県鎌倉市を中心に活動する「カマコン」という組織を取り上げて、議論の深耕を試みたい[1]。

2.　地域イノベーションの視座

2.1　先行する「地域イノベーション」研究

　はじめに「地域イノベーション」という言葉が、今日の日本においてどのように使用されているのか、既存の政策や先行研究を確認してみたい。

　やや月並みな方法かもしれないが、手始めにインターネットの検索エンジンで「地域イノベーション」と入力してリサーチすると、二つの政策が 1 番目〜 3 番目にヒットする。一つは、文部科学省「地域科学技術振興施策」

の「地域イノベーション戦略支援プログラム」および「地域イノベーション・エコシステム形成プログラム」が出てくる。もう一つは、経済産業省による「地域イノベーション」をめぐる一連の政策である[2]。

　2011 年度〜 2013 年度にかけては、当該政策において知的財産形成支援や人材育成支援を担う文部科学省と、事業化や販路開拓等の支援を担う経済産業省および農林水産省が共同して事業を進めてきた。政策のプロセスとしてはまず、「地域イノベーション」の創出に向けた主体的かつ優れた構想を持つ地域が「地域イノベーション戦略推進地域」として選定される。選定された地域には、地方公共団体、経済団体、大学等研究機関、金融機関等を構成員とした「イノベーション推進協議会」が設置される。選定の際には、地域の「ポテンシャル」に応じて、「国際競争力強化地域」または「研究機能・産業集積高度化地域」のどちらかに選ばれる。そして、「地域の特性を活かした持続的・発展的なイノベーションを創出する仕組みが構築され、活力ある地域づくり、ひいては我が国の科学技術の高度化・多様化や、我が国の産業競争力の強化につながること」が期待されている（文部科学省 2011）。

　上述した一連の「地域イノベーション」政策は元々、「所得倍増計画」が進められていた 1962 年の「新産業都市建設促進法」の施行に端を発する「産業立地政策」が源流にある。その後、1983 年の「高度技術工業集積地域開発促進法（テクノポリス法）」、1988 年の「地域産業の高度化に寄与する特定事業の集積に関する法律（頭脳立地法）」などが制定され、1999 年にはテクノポリス法と頭脳立地法を統合する形で「新産業創出推進法」が施行されている。その上で 2001 年には「産業クラスター計画」が開始された（三橋 2013: 53–58）。「地域イノベーション」政策は、産業クラスター計画の「第 3 期科学技術基本計画」において、「地域でイノベーション」を推進し地域活性化に繋げる必要性が示された（三橋 2013: 58–59）ことから、クラスター計画の一環にある政策と位置づけられる。

　クラスター計画の裏づけとなる理論は、マイケル・E・ポーターによる『国の競争優位』『競争戦略論』において提起されたクラスター論（ポーター 1992、1999）を挙げることが一般的であろう。クラスター論と地域イノベー

ション（システム）論の連動は、筆者が専門とする経済地理学界においても一部の研究者によって指摘されている（松原 2013a: 10）。クラスターは、「ある特定の分野に属し、相互に関連した、企業と機関からなる地理的に近接した集団」で、「クラスターの地理的な広がりは、一都市のみの小さなものから、国全体、あるいは隣接数カ国のネットワークにまで及ぶ場合がある」概念とされる（ポーター 1999: 70）。地理的なスケールがまちまちだが、基本的にポーターによる産業クラスター論、競争優位論は、「国レベルの環境として提起されたもの」（山本 2005: 150）とされる。そのうえでポーターの提起は、解説の全般にわたり「クラスターの競争力」の強調を新技術との関連のなかで議論している（ポーター 1999: 133）点に特徴をもつ。確かに「地域イノベーション」論におけるイノベーションを「狭義の技術革新」にとどめていない（松原 2013a: 5）とする見解に耳を傾ける必要もある。筆者も技術開発や競争そのものを否定しているのではない。社会的意義のある有益な科学技術の開発ももちろん存在しているであろうし、技術がなければ現代世界が成立し得ないことも理解している。しかし、クラスター計画および理論との関連が示される限り、特定の産業分野に特化した技術開発を重視する競争優位性の獲得に向けた姿勢は避けられないし、政策的に国際競争を刺激している事実はおさえておく必要がある。

　端的にまとめておくと、クラスター論を背景にもつ「地域イノベーション（システム）」は、1) ナショナル・スケール、2) 特定の産業分野と技術開発、3) 競争優位性、という三つのキーワードと関わりをもつ概念と捉えられる。

2.2　地域とは何か

　既存の「地域イノベーション」論は、科学技術政策や産業政策などに関連するEUの「地域イノベーション政策」を踏まえながら日本への導入が検討されてきている（松原 2013b: 286–287）。しかし、「先端産業やIT産業というテクノロジーにシフトした産業活性化論が先行」することに対して、「地域の経済、社会生活、伝統技術などを支えてきた多くの伝統的地場産業の研究」（上野 2007: 8）分野からは、産業研究と地域との関係を慎重に議論する

ことの大切さも示されている（上野 2007: 52）。さらには、社会デザインや
ライフスタイルとの関連（田坂 2015: 59）、文化の創造性を源泉とする地域
イノベーション（本田 2016: 136）など多様な文脈において議論される事実も
ある。これらの見方を踏まえると、先行する「地域イノベーション」という
言葉の使い方が果たして正しい方向なのか、素朴な疑問を抱かざるを得な
い。

　繰り返すが、クラスター論ではナショナル・スケールにおける競争優位性
を築くために、特定の産業分野に特化した地域の環境整備を議論する。たと
えば、近畿圏で進められる「関西イノベーション国際戦略総合特区」は、
「国際競争力向上のためのイノベーションプラットフォームの構築」のため
に地域資源を結びつけ集中的投入を実現しようと試みている[3]。その結果、
先行研究が指摘するように「地域への波及効果」（野澤 2013: 221）が起こり
えるのかもしれない。しかし、コミュニティを介した自然な交流が促進され
る環境が構築されていない「工場や研究所が集まっているだけの殺伐とした
『冷たい産業集積』」（川端 2008: 174）にとどまるケースが多いようでは、「地
域イノベーション」と表現してよいものか評価が難しかろう。

　2.1 で触れた山本健児が言うように、「地域とは一つの実体であるという
地理学的な視点が必要」（山本 2005: 151）とする見方を、地域という言葉を
使用する際には重視する必要がある。地域は「歴史的に作り上げられてき
た、そこに住む人々の多くがアイデンティティをいだく」範囲とされる。そ
のうえで「地域は歴史的に固定的普遍的なものであるとは限らず、変化しう
る」ものでもあり、「変化を引き起こす要因は、経済の地理的まとまり、政
治行政上の地域区分の変化、社会構造の変化」など、さまざまな要素が想定
されている（山本 2005: 151）。

　とりわけ山本の見方が、クラスター論へのアンチテーゼとして記述されて
きた点を経済地理学界においても見直す必要があろう。地域イノベーション
という言葉を使用する際には、実体としての地域を捉えながら、地域の変化
を引き起こす多様な要因を一つ一つ結びつける視点が大切となる。さらに、
「地域の範囲と内容は所与の固定的なものではなく歴史的に変化する」（富樫

2005: 189) ものでもある。変化を引き起こすにあたっては、アンリ・ル
フェーブル (2011) の『都市への権利』を踏まえた「都市は誰のためのもの
か？」というデヴィッド・ハーヴェイによる見解 (2013a: 7) が地域をめぐる
議論においても有効となる。地域とは、一部の者たちだけの所与的な存在で
はない。地域概念を形容詞として付す限りは、「地理学的理性の狡智」(ハー
ヴェイ 2013b: 227) に陥らない地域に対する見方が求められよう。

2.3　地域イノベーション概念の再考

　ここで、本章における地域イノベーション概念を提示しておきたい。提示
に向けての手がかりとして、経済地理学者の加藤恵正 (2002) の考え方から
検討を進めてみよう。

　加藤による地域イノベーション論は、コミュニティビジネスの観点から議
論していることに特徴をもつ。まず、地域イノベーションには、三つの要素
が含まれるとしている。すなわち、「経済イノベーション」「組織イノベー
ション」「社会イノベーション」を全体として地域イノベーションと呼んで
いる。そして、①情報利用を核とするネットワーク活動から生まれる「相乗
効果」、②主体の行動様式における「学習効果」、③ K. J. アローの言う「『信
頼』」という財の創出効果」という三つのアウトプットを地域イノベーショ
ンの中身としている。ここでのアウトプットとは、成果なり結果と捉えてよ
かろう。そのうえで加藤は、ヨーロッパを中心に台頭してきている「社会的
経済」を新しいセクターと位置づけ、コミュニティビジネスによる地域イノ
ベーションの可能性を示唆する。こうした地域イノベーションを宮澤健一の
言葉を借りながら「連結の経済」と表現し、「パートナーシップ」の重要性
を取り上げている。パートナーシップには、①政府と企業、②政府と
NPO、③ NPO と政府と企業という 3 つの類型があると指摘されているが、
特に大切な類型として③が挙げられている。③のタイプでは、コミュニティ
ビジネスや社会的企業などの新たな主体の登場が示唆されている (加藤
2002) [4]。

　コミュニティビジネスは連帯経済の側面をもつ (北島 2014: 140)。連帯経

済では、カール・ポランニーによる「互酬性」という考え方が参考にされている。互酬性は、「すべての参加者が社会的関係を進んで構築しようとしないかぎり形成されえない」(エバース・ラヴィル 2007: 24)。純粋な自由市場なるものは虚構に過ぎず、経済が社会的諸関係のなかに「埋め込まれている」(中澤 2013: 476) とするポランニーの考え方は、市場を議論する場合であっても「社会構造の持続性と人間同士の関係のほうが優位」にある (ラヴィル 2012a: 21) ことを意味する。互酬性の考え方を踏まえて連帯経済には、社会的企業の役割が期待されている。社会的企業は「社会的価値、市民社会、社会イノベーション、経済活動」を基準に、CSR、ニュー・ベンチャー・フィランソロピー、ソーシャルビジネス (ラヴィル 2012b: 3–4) を推進する主体とされる。

　大事な論点は、連帯経済が近年、協同組合やフランス型アソシアシオンにみられる非営利組織を中心とした社会的経済の問題とあわせて議論されるようになってきていることにある。そして、社会的経済と連帯経済をあわせて「社会的連帯経済」(リピエッツ 2011: 98–105) と表現されるようになりつつある。社会的連帯経済への流れを汲み取ると、コミュニティビジネスは非営利性と営利性を二分法的に区分して議論するものではなく、非営利性と営利性との接近のなかで深耕する視点が欠かせないと理解される。本章は、先行する国際競争重視の「地域イノベーション」概念と一線を画すが、営利性を排除するわけではない。上述の社会的経済と連帯経済の接近を踏まえるならば、実際に地域や社会を善くしていく議論のためには、非営利的な活動を推進する場合であっても非営利組織・営利組織双方の協働を論じる必要がある。すなわち、多様な主体が参加するコミュニティビジネス (社会的連帯経済) を通じて互酬性ベースの連帯意識を紡ぎ出す地域イノベーションの検討が求められている。

　本章での地域イノベーションは、地域で暮らす多様な主体が自らの生活圏の社会と経済をより善くする互酬性ベースの新結合を協働して起こす概念と捉えたい。本章の地域イノベーションの議論において、特定の産業、特定の企業、非営利組織のみ、営利組織のみなど一部の主体に特化する発想とは無

縁となる。とはいえ、地域は容易に新結合を生成できる環境でないことも現実であろう。地域の内部は複数の相違する利害集団に分裂しており、意見の一致がままならない。「一般論としては地域が『主体的な存在』であるといえるにしても具体的な『意欲と行動』の方向は各自をとりまく状況に規定されている」(加藤 2005: 184)。それゆえ地域における結合を刷新させていくこと、さらには刷新のための「話し合い」が希求されるのである。

2.4 地域イノベーション、創造性、「話し合い」

さて、地域の結合関係を刷新しうる「話し合い」とは、どのようなものであろうか。結論を先取りすると、「互酬性」ベースの地域イノベーションの生成を指向するならば、一種のモラルあるイノベーションの生成に向けた「話し合い」が求められることとなる。

イノベーション概念は「創造的破壊 Creative Destruction」の問題とともに議論されてきた経緯(シュムペーター 1995: 129–130)があるため、ときに急進性を伴う。シュムペーターは創造的破壊の文脈において、資本主義的企業による創造を「新消費財、新生産方法ないし新輸送方法、新市場、新産業組織形態」といった動態的な経済活動と指摘する(シュムペーター 1995: 129–130)。他方、資本主義の経済的成功、大企業の台頭は企業家精神の衰退をもたらし、企業家の擁護者であった小規模な生産者や商人を没落させてしまう。それとともに、官僚や労働者層と共鳴した知識人による「倫理的批判」が強まる(武石 2016: 143–144)。こうした倫理的批判が創造的破壊をめぐってなぜ起こりえるのか、創造と破壊という対義語にある両者の関係の解釈を促す必要がある。

創造性概念をめぐっては、単にイノベーションや破壊という言葉に付加された真意を考える必要のある奥の深い議論でもある。「創造(的)Creative」にはいくつかの解釈があろうが、そのうちの一つに「賢明な知恵 Wisdom」との関係が認知科学の世界において指摘されるようになってきている。創造性は、新奇性、価値、イノベーションと結びつけて考えられ、モラルをあまり気にかけない側面がある。他方、賢明な知恵には、創造性が必ずしも関心

を示していないモラル、動機づけ、社会的な側面があるとされる。すなわち、賢明な知恵とは、特定の状況における明確な行動が賢明な知恵の質に関係するとされている（Claxton 2008: 36–43）。特に、賢明な知恵の質は賢明な行動があってはじめて高まることに特徴がある。

　賢明な行動がしばしばクリエイティブである一方、創造性がつねに賢明なわけでない（Claxton 2008: 36–43、杉山 2015: 27）との指摘は、地域イノベーションをめぐる議論においても有効性を発揮する。イノベーションに創造性概念が付加される場合、急進的なイノベーションが生成されるにせよ、一方で賢明な知恵を紡ぐ努力が求められていると認識する必要がある。地域イノベーションは、従来になかった価値観や発想に基づく変化や刷新を目指す。そのプロセスではラディカルさを伴う場合もありうるだろうし、一見すれば破壊的とも捉えられる状況が生成されうる可能性もあろう。そうした破壊的な刷新が生み出される可能性のある場合に、イノベーションの結果が賢明なものであるのか判断して共有することがイノベーターたちに求められる。地域イノベーションの生成による創造に、ややラディカルな取り組みのなかであっても互酬性の意識を紡ぎ出す「話し合い」が求められる所以でもある。こうした諸点について、事例を検討するなかから議論を深めてみることにしよう。

3. 鎌倉で活動する「カマコン」の挑戦

3.1 「カマコン」の概要

　本節[5]では、「話し合い」を通じて地域イノベーションを生成している事例として、鎌倉市を中心に活動する「カマコン」の取り組みを紹介したい[6]。「カマコン」とは組織の名称で、2013 年 4 月 18 日に立ち上げられた。設立前の 2013 年 1 月 21 日から IT 企業 6 社が参加して、第 1 回目の打ち合わせが行われている。設立当初は「カマコンバレー」という名称で活動していたが、2015 年 4 月より現在の名称を使用している[7]。

　設立の原点は、東日本大震災後に実施された、鎌倉市内の宗教団体が宗派

をこえて横断的に祈りを捧げる「鎌倉宗教者会議」の様子を目の当たりにしたことにあるという。仏教とキリスト教というように、本来的に結びつくことが少ないであろう宗派をこえた「鎌倉宗教者会議」は、本章の文脈で捉えるならば、「話し合い」を通じた新たな結合と捉えられる。「IT企業も多くのライバルがいるが一緒に何かできるのではないか」という「カマコン」設立当初の想いは、「鎌倉宗教者会議」からの感取がきっかけになっている[8]。

　「カマコン」は当初、「鎌倉を愛する人を、ITで全力支援！」というキャッチフレーズを掲げていた。これは、設立当初にIT企業が中心であったことが関係していたのかもしれない。しかし現在は、「この街を愛する人を全力支援」というキャッチフレーズに変化している。「カマコン」はIT企業のみが所属する団体活動ではないし、活動内容も技術開発を行うようなものでもない。会員の業種構成を確認すると、「情報通信業」に携わる会員は18名（25.7％）にとどまる[9]。「カマコン」は、「学術研究、専門・技術サービス業」「情報通信業」「社会教育」「小売業」「建築工事業」など様々な産業分野[10]の経営者と従業者、住民、NPO関係者、社会的起業家、行政職員、政治家など多様な担い手が参加している。こうした多様な担い手が、人の責任にしないという意味を込めた「ぜんぶジブンゴト」という理念のもと、鎌倉をよくしたいという想いをもって活動している。この理念は、「カマコン」のメンバーの連帯意識の表象と捉えられる。当該理念をめぐる大切な点は、「カマコン」の活動の進展を通じて少しずつメンバー間で共有されてきたことにあり、興味深い[11]。

　鎌倉は、もともと市民活動の活発な地域でもある[12]。参考として鎌倉市におけるNPO法人の構成比を算出してみると、鎌倉市では2.88％を示す。これは、全国平均1.20％より格段に高く、沖縄県2.33％（都道府県中1位）、東京都2.16％（同2位）、神奈川県0.73％、横浜市1.71％と比較しても高い[13]。ただ、「鎌倉にはNPOや地域づくりの活動が多いが、隣のNPO組織が何をしているのかこれまで分からなかった」[14]ことも現実としてある。鎌倉では様々な地域づくりに関する活動をしている団体が多数あるなか、「それぞれが持つ情報の共有・拡散を行い、横のつながりを作ることで、ばらば

らに行っている地域活動が一体となり、更なる活性化に結びつく」ことを期待している人もいる[15]。「カマコン」の取り組みは、ITという技術的な要素との関係も視野に、自らの地域を善くしようと試みる結合の刷新を議論するうえで格好の事例と捉えられる。

3.2 「カマコン」会員の意識

次に、「カマコン」に所属する会員がどのような意識のもと「カマコン」の諸活動に参加しているのか、あるいは意識の変化を経験したのか、個別の見解をみてみよう。2016年9月時点の構成員は、企業会員33社、個人会員126人、会費は一会員1,000円／月となっている[16]。ただし、「カマコン」には会員以外の人たちも参加できる仕組みがある。

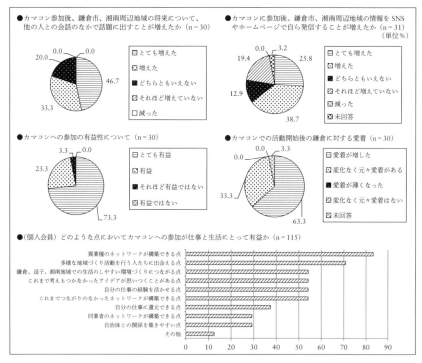

図1　会員の参加後の意識変化（調査結果に基づき筆者作成）

第5章　地域イノベーションの生成と「話し合い」　77

表1　鎌倉市、湘南周辺地域の将来についての話題に関する具体的な中身

鎌倉・湘南を様々な人にとり、より一層、住みたい、来たい、出会いたい、買いたい街にしていくにはどうしたらよいか、など。

地域活動を行っているさまざまな人・団体についての話や紹介・情報交換地域活動を行うための寺社・飲食店・老舗等、様々な地元サポーター・有力者についての話題雇用と就労スペースについての話題空き家活用や公共施設再編、将来の鎌倉の職住モデルなどの話題。

鎌倉がかかえている問題や、必要なことを他の人に話すようになった。	海岸利用問題や地震、水害、ゴミ問題。観光の最適化や観光客向けの対策等。

プロジェクト提案されている課題と自分の住む地域との関わり。例えば、学生の成長／障害者の住みやすさ／高齢者の捜索、など。

鎌倉文化人会議でもカマコンの話題を提供するように心がけています。	どのように逗子海岸の夏でのBBQを復活させるか。

同じ鎌倉地域に住む、関わりのある知人へのカマコンバレーという団体および活動内容の紹介。iikuniプロジェクトへの支援協力など。

鎌倉の未来についてゴミ問題について待機児童問題について防犯防災について。

地域が活性化するようなことを進めたいと考える人は多いが、成功事例は少ないので、活気あるカマコンバレーの活動を参考にしたいと言うことだと思います。具体的には組織の形態や資金源等。

従来のNPO団体や行政主導の「ウマラナイ」企画でなく、面白い企画をつくりそれが実現できるのだということを話します。

新しい生き方に関する価値観の共有。	鎌倉市外の方に紹介。	地域活性化、社会貢献、多様性。
市内の交通渋滞に関する話題。	町をどうしようか(未来の話)。	どうやってもっとこの街で楽しくしようか等。

鎌倉のイベントを告知する、実際に行く、カマコンバレーについて聞かれる事に答える。	メンバーとの交流の中で自然とそれぞれの持ち場の話題。

「鎌倉ではITベンチャーが地域の活性化のために共同でプロジェクトをやっている」など、東京のお客様に話す機会が増えました。

(調査結果に基づき筆者作成)

　以下では、図1と表1に基づき説明したい[17]。まず、会員は「カマコン」への参加後、鎌倉市や湘南地域の将来について他の人と会話のなかで話題に出すことが「とても増えた」46.7％、「増えた」33.3％という見解を示して

いる。具体的には、鎌倉・湘南の住みやすさ、来訪のしやすさ、観光、雇用・就労、ゴミ問題、交通問題、待機児童問題、防災など地域課題をめぐる内容を話題にすることが多い。また、NPO や行政の活動を補完しようとする「カマコン」の取り組みについて話し合う機会も増えてきているという。これは、鎌倉をどうしたいのか話し合うための環境が「カマコン」の活動を通じて形成されてきている証左ともいえる。

　「カマコン」への参加の有益性については、「とても有益」73.3％、「有益」23.3％と極めて高い。その理由には、「異業種ネットワークの構築」83.3％、「多様な地域づくりを行う人たちに出会える」70.8％が上位で挙げられている。これは、「カマコン」が鎌倉の主体間の新たな結びつきを実現できる取り組みと捉えられる。こうした新たな結びつきを希求した「カマコン」の会員が、「カマコン」での活動開始後に地域への愛着の増進を経験している（63.3％）。そのうえで、鎌倉・湘南地域の情報を SNS やホームページで自ら発信する機会も増加傾向を示している。「とても増えた」25.8％、「増えた」38.7％という数字は、新たな結びつきから得た経験を地域に還元したいとする意識の現れと理解される。会員の意識からは、「カマコン」の活動が地域イノベーションを生成している一端が示されているといってよかろう。

3.3 「カマコン」によるプロジェクト

　続いて、「カマコン」が進めている具体的な活動内容をみてみよう。表2は、会員が「カマコン」のプロジェクトに参加する理由をまとめたものである[18]。会員の多くから出された理由のキーワードを抽出すると、「鎌倉」「地域」「街（町）」「社会性」「社会貢献」を視野に参加している様子を伺うことができる。たとえば L 氏は、「ゴミ問題」という鎌倉の課題を見定めて参加していることが理解される。また、自らの経験のプロジェクトへの還元（J、M、N）、様々な人たちとのネットワークの希求（D、K）といった見解も確認される。もちろん O のように、「カマコン」での経験を自らの仕事に還元する意見もあるが、どちらかといえばこうした意見は少数にとどまる。今後の

第5章 地域イノベーションの生成と「話し合い」 79

表2 会員が参加するプロジェクトとその参加理由

	参加プロジェクト	プロジェクト参加の理由	カマコンを通じた地域づくりの展望
A	防災プロジェクト、カマコン事務局	興味がある。協力できる関係、お互いの得意不得意な点を補強し合える関係。	企業、行政、非営利団体、一般市民が通じ合う環境つくり。
B	1.津波が来たら高いところに逃げるプロジェクト 2.鎌倉を映画の街に再びプロジェクト 3.より深い鎌倉体験旅行販売ECサイト他	1.もっと啓蒙が切実に必要で自らも知っておきたいプロジェクトだから 2.街を文化的にする楽しいプロジェクトだから 3.とおりいっぺんの観光ではなく、より深い満足を得られる体験を企画提供することが、より一層の観光振興につながる楽しく興味深いプロジェクトだから。	ITをベースとした、街を魅力的にする様々なアイデアが、自由にスピード感を持って次々と実現されていく地域。
C	鎌倉不動産会議	自分の仕事が鎌倉という地域社会につながる可能性を感じているから。	様々な人が心理的なハードルが無く参加出来、継続性も備えている状態が理想。
D	iikuni（クラウドファンディング）運営禅ハック（禅寺での泊まりがけハッカソン）企画・運営防災イベント（津波が来たら高いところへ逃げるプロジェクト）スタッフ関東大震災アーカイブ企画鎌倉の昔の写真アーカイブ企画鎌倉のお年寄りの話アーカイブ企画	一つは、カマコンバレーの自主事業として、クラウドファンディングとハッカソンを運営して収益を上げることが、コアメンバーとしてのミッションと考えているため。次に、地域の課題解決のための資金調達としてのローカルクラウンファンディングの活用の先行事例として成功事例を重ねることが他地域への参考になるという点。さらに大震災と津波に対する防災は鎌倉が避けて通れない課題で、地域に密着した活動、人々がそれぞれ地元のネットワークを持つこと、そして防災意識を高めるがとても重要なので、歴史や体験が散逸しないうちにアーカイブし、可視化し、将来につなぐことが今急務であると思っている点。	非IT、非ベンチャーの市民の参加をもっと増やしつつ、地域の幅広い分野の課題や、未来へ向けた企画・起業・事業・活動のアイデアが、いつも集まり、可視化され、それらにコミットするチームが自発的に組成され、複数のプロジェクトが並行して、地域づくり、まちづくりの活動が、途切れなく行われる、プラットフォームを作り、磨いていくことが、カマコンバレーの使命だと考えています。

E	防災の日カタリバ（高校生とブレスト）修学旅行革命	鎌倉で過ごす人、鎌倉を訪れる人が、自分にとっての生活空間を作ってくれていると思っているため、その人たちへの貢献や恩返し。	幅広い世代で地域を支えるというビジョンが浸透し始めているので、様々なプロジェクトにメンバーや市民が積極的に絡んでいくことで、「鎌倉」という伝統ある地域の色がもっと複雑に面白くなると感じている。
F	不動産かまぷら会社説明会	地域継続の為。	地域の人の会話にあがるろうな活動を広げる。
G	放課後NPOアフタースクール鎌倉作務衣クリーニングディ	鎌倉から発信しているから。	多くの人が参加できる団体になって欲しい。
H	定例会でのブレストアイデア提供。カマコン感謝祭の運営お手伝い、禅ハックなど	地域住民のひとりとして、町をよくするために貢献できることと考えたから。	「町を楽しむ。町をよくする。」ことに、今まで以上に誰しもがより気軽に参加できて、ポジティブな空気が街全体に生まれ、浸透していくことを期待します。
I	EC（まだ行っていません）で商店を盛り上げるプロジェクト	鎌倉の特徴として、小さい街ながら全国区のネームバリューであること、また、山海寺社とコンテンツが多いにも関わらず、今ひとつつかみ所の無い部分を強化し、ネットを使って世界に鎌倉の魅力を販売するべきだと思います。	鎌倉に古くからすむ上の世代（70代〜）と仲良く出来る会を設けるべきだと思います。このままでは、若い新参者の集まりでしか無いので、鎌倉のベテランを取り込むのが、今後のカマコンの飛躍につながると思います。
J	若者と地域づくり活動、作務衣プロジェクト、鎌人市場プロジェクトなど	いずれもプロジェクトを実施する人をサポートする立場から参加しています。自分の経験が役立つと考えたからです。	「ジブンゴト化」という理念のとおりで、一人一人が自ら考え行動することが、よりしやすくなれば良いと思います。
K	鎌倉ダンスフェスティバル	経験を積み、いろいろな人と知り合いになれる。この会では今まで接点を持てなかった人と出会い、特に偏った勢力や考えの人が仕切っているのではないので自由な雰囲気が気に入っています。	各人が持っている優れた部分を活用できるグループであってほしい。まだ、加入して年月も浅いので、「自分の興味あるテーマ」に参加して運営のノウハウやコミュニケーションの仕方などを学び、その次の段階で自分のやりたい企画などを提案していきたい。

L	禅ハック、カマクラダンスフェスティバル	禅ハックに関しては、鎌倉市の最重要課題である「ごみ問題」がテーマで、よいアイディアの提供を受けるため。	公務員という立場から、官民連携の事業展開の面で貢献したいと考えている。
M	禅ハックのスタッフ	自分の仕事での経験が生かせると考えたから。	他地域への展開を期待しています。
N	かまぷら	自分の職業を生かしてカマコンの収益に貢献できるから。	交通渋滞の解消など、実態を伴って地元の方に喜ばれる事がしたい。
O	iikuni 全体のデザイン／運営・カマコンバレー事務局運営・クリーニングデー　プロジェクト協力・鎌倉朝マップ　プロジェクト協力　など	創業のきっかけが社会貢献に通じているため活動をしている方と直に話しお手伝いをしていくことが僕たちの会社としての使命でもあります。また事例を増やしていく事で鎌倉外からやってきた者として、コネクションを強化できればとも思っています。加えて顧客に NPO や NGO が在る為カマコンバレーの実績を事例としての活用を考えております。	私たち T 社は、手をとる事と創造していく事を軸に、社会に貢献していく企業として設立しています。その為、カマコンバレーが地域と手をとる際に、そこに創造を与え、楽しさなど他の感情も含めて繋がれる様なことができればと思っています。また、別地域へカマコンバレーの活動を展開できればと思います。
P	選挙のキャンペーンや防災イベント、採用イベントなど	地域とつながることでより社会性を重視した経営をできるから。	先へ先へ進むのは大事ですが、地域の現状をもっとリアルに体験して、地域の皆さんとの関係性をより深めることが一番大事なことかなと思います。奇抜なアイデアだけでなく、鎌倉で生まれ育った人や長く住まれている方に寄り添い、彼らが気軽に参加できるイベントを考えて行きたいです。
Q	防災イベント協賛	地域で活動することの重要性を強く感じるため。	鎌倉では様々な地域づくりに関する活動をしている団体が多数あります。それぞれが持つ情報の共有・拡散を行い、横のつながりを作ることで、ばらばらに行っている地域活動が一体となり、更なる活性化に結び付く事を期待しています。

(調査結果に基づき筆者作成)

展望では、鎌倉や地域への貢献（B、D、E、F、H、P）、交通渋滞など地域課題の解決に向けたアイデア交換の重要性や団体間交流や人的交流の促進（B、C、G、P、Q）が示されている。「カマコン」の会員は、各人がそれぞれの仕事をもっているため、参加するプロジェクトを通じて自社へ還元しようと試みる意識もある。他方、プロジェクトを通じて地域性や社会性の変化を希求して活動を展開している様子も確認される。「カマコン」のメンバーは、鎌倉という自らの地域を善くしていこうと試みるプロジェクトの実施を相当程度、重視している。

　ここで、情報技術を上手く組み合わせた取り組みを確認したい。プロジェクトの多くは非営利的な性質を帯びる活動だが、現実問題として地域を変革していくために活動資金が必要となるケースもある。「カマコン」のプロジェクトの一部では、地域の変化に向けて経済的循環を高める「iikuni（いいくに）」がミックスされている。「iikuni」の特徴的な点は、「鎌倉限定のクラウドファンディング」として提供されていることにあろう。「iikuni」では、鎌倉の街をよくしたいとするプロジェクト案に目標金額と支援対価としての「リターン」が設定される。「iikuni」に掲載して協力を募る期間はプロジェクトごとに異なり、最短7日〜最長60日間となっている。募集期間内に協力者からのリターン購入総額が目標金額に達して成功した場合は、実行者に集まった金額の85％が支払われ、残りの15％が決裁手数料と「iikuni」運営手数料となる。成功率は91％、最も支援の集まったプロジェクトは「津波が来たら高いところへ逃げるプロジェクト vol.2（2014年）」で、106人からの支援を受けている[19]。

　「カマコン」はプロジェクトを通じて、「iikuni」という情報技術も組み合わせながら、もともと非営利活動の盛んだった鎌倉において新たなコミュニティビジネスのあり方を提供し地域の結合関係の刷新に成功しつつある。

3.4　定例会における徹底した「話し合い」

　さて、「カマコン」が鎌倉において地域イノベーションを生成しつつある様子は理解されたであろう。そのようななか、「カマコン」の取り組みが地

域イノベーションの生成を可能にした要因の深耕が求められる。特に本書との関連では、徹底した「話し合い」を要因の一つに挙げたい。

「カマコン」では、上述してきたプロジェクトの立ち上げる際に、定例会における議論が重視されている[20]。定例会は「カマコン」の中心的活動であり、月1回程度のペースで開催される[21]。開催場所は鎌倉市内が中心だが、逗子市など周辺地域で開催されたこともある。定例会の流れは、次の六つの手順を踏む。

定例会の流れ

①アイデア募集…鎌倉等での課題や問題点を一般公募で集める。

↓

②プレゼンテーション…「アイデアプレゼン」と表現する会員もいる。アイデア募集で採用されたプレゼンターが定例会において課題点を発表する。

↓

③ブレインストーミング…プレゼンテーション後に、聴講者が興味を覚えたテーマのグループへ加わる。会員がファシリテーターとなってグループ内の各人がアイデアを出しやすいようにアシストする。

↓

④ファシリテーターからの報告…ブレインストーミングで出されたアイデアをファシリテーターが紹介し、定例会の参加者全員で共有する。

↓

⑤プロジェクト決定…ブレインストーミングに参加した参加者のなかから課題解決に向けた動きに参加したいと希望のあった時点でプロジェクト化。

↓

⑥プロジェクトリーダーの決定…主にプレゼンターがリーダーになる。

定例会への出席者は、会員以外の参加も含めて毎回100名程度となって

いる。定例会では、毎回4～5テーマほどのプレゼンテーションが実施される。参加者は、プレゼンテーションにおいて聴講したなかから一つのテーマを自ら選択して、ブレインストーミングのグループに参加し徹底したアイデア出しを行う。ブレインストーミングでは、ファシリテーターを中心に、アイデアに対する相互承認が心がけられている。出されたアイデアに対する否定が行われないため、参加者はアイデアや意見を述べやすくなっている。さらに定例会では徹底した時間管理がなされており、ブレインストーミングを含めて「時間厳守」となっている。限られた時間のなかで間髪無く課題解決のためのアイデアや意見、鎌倉の地域・地区に対する参加者の考え方が出される。そしてブレインストーミングの参加者は、グループ内の各人の意見に接近してお互いに理解を深めていく。

「カマコン」が「時間厳守」を掲げるとともに、定例会でのブレインストーミング後にすぐプロジェクト化して活動をスタートさせていくことは、ラディカルさを有する証左でもある。「話し合い学」との関係で懸念される点としては、ややラディカルなプロセスを「話し合い」と呼んでよいかどうか、議論の余地があるのかもしれない。しかし、「カマコン」の取り組みを確認する限り、地域のイノベーションを生成していく場合はスピード感や一種の激しさを伴う「話し合い」があってもよいだろうし、必要に映る。2.3で確認した通り地域の内部では、複数の相違する利害集団に分裂している場合もあるため意見の一致がままならないこともある(加藤2005)からである。

そのようななか「カマコン」の参加者間で相互理解を図ることを可能にした理由は、各々のアイデアや意見への承認というプロセスにあろう。「カマコン」の定例会にみる「話し合い」からは、参加者間の多様性の承認を確認することができる。お互いの意見を認めあう経験は、鎌倉の魅力を再発見しあい、自らの地域をどう変化させていくか「話し合い」、意識を共有する要因と考えられる。会員の地域に対する高い意識を踏まえるならば、定例会はそのきっかけとなる重要な「話し合い」の場と捉えてよい。

もちろん、定例会での「話し合い」の結果、何でもプロジェクト化されるわけではない。会員S氏によると、「カマコンのアイデアプレゼンでは企業

色の強いものはあまり賛同されない。やはり地域活性化に寄与できるプロジェクトに賛同が多い」という[22]。S氏の言葉からは、鎌倉に還元されるプロジェクトといえるかどうか、ラディカルななかにも定例会の参加者間に地域をみすえた賢明な「話し合い」が根づいていることを伺える。すなわち、ラディカルさと賢明さを兼ねそなえた定例会のような「話し合い」の場こそが、「互酬性」ベースの地域イノベーションを生成しつつある「カマコン」の真髄といえよう。

4. おわりに

本章では、地域イノベーションの生成と「話し合い」の関係について、考え方を示したうえで事例の検討を行った。本章の考察のみで結論づけることは尚早だが、少なくとも次の2点が理解されたのではなかろうか。

一つは、"地域"の意味を丹念に探究することによって、地域で暮らす多様な主体が自らの生活圏の社会と経済を善くしようと試みる考え方としての地域イノベーション概念が浮かび上がった。そうした互酬性を紡ぎ出す新結合を起こすための「話し合い」が求められることを第一のポイントとして振り返っておきたい。たとえば「カマコン」の経験で示されたように、従来になかった新たなつながりが生み出されプロジェクトという形でアウトプットされる要因には、連帯意識を強める「話し合い」が基盤にあった。他方、確認してきたように、「カマコン」においても「iikuni」のような技術的な要素を加えた取り組みが進められている。しかし大事なことは、「技術的革新」の結果を要素に加える場合であっても、地域への還元を第一に見すえることにある。そのための「話し合い」において、国際競争力の強化といった何者かに勝とうとする論理は不要なものといえる。

もう一つは、創造的破壊と表現される通りラディカルな一面も持つイノベーション概念だが、ラディカルであるがゆえに賢明な知恵を紡ぎ出す「話し合い」が希求される点である。「カマコン」の事例は、「話し合い」における「時間厳守」という発想や比較的短時間の「話し合い」後、すぐにプロ

ジェクト化されるラディカルさを有していた。しかし、何でもプロジェクト化されるわけではなく、地域をみすえたプロジェクトであるかどうかメンバー間で意識が共有され判断されるプロセスも経ている。地域の利害関係の克服による新結合を生み出すためには、ある種の激しさを伴うかもしれない。そのようななか、地域に対するモラルある「話し合い」を実現していくことが地域イノベーションを生成する鍵を握っているといってよかろう。

　はじめに述べたように、日本におけるイノベーションの議論では「技術革新」とイコールで論じられるケースがいまもなお多いし、科学技術や産業クラスターベースの「地域イノベーション」論も根強い。しかし、地域という言葉が冠につくイノベーション論を講じるからには、多様な主体の参加を承認しながら、より善い地域を形成するための新結合と「話し合い」を指向することが肝要になる。そのための「話し合い」を重ねていくことが筆者に残された課題だが、それは稿を改めて論じていくこととしたい。

注

1　本章の原稿は、2016年9月にひつじ書房へ提出したものである。したがって、事例として選定した「カマコン」の動きが提出当時までのものとなっていることに留意されたい。2016年9月時点までの内容として発表することは、「カマコン」事務局より許可を得ている（2018年5月24日最終確認）。

2　2016年9月8日、google検索サイトを通じて確認。

3　「関西イノベーション国際戦略総合特区」ホームページ（2016年9月8日検索）http://kansai-tokku.jp/、「関西が取り組む政策課題」のページに記載がある。

4　加藤は、2009年の別稿において、クラスター政策のなかに位置づけられる神戸医療産業都市の考察を行っている。そのなかでクラスターベースの「地域イノベーション」に該当する表現に「科学・技術イノベーション」をあてて区別している（加藤 2009: 26）。

5　本節は『都市計画論文集』第50巻第3号に登載された杉山・瀬田（2015）をベースに記述している。本書への掲載にあたっては都市計画学会および共著者の瀬田史彦氏からの許可を得ている。なお、本節は「カマコン」をめぐる最新の状況なども盛り込みながら一部で加筆を行っている。

6 研究にあたり 2014 年 6 月 8 日、2014 年 10 月 23 日、2015 年 11 月 27 日に聞き取り調査および現地調査を、2014 年 9 月～10 月にかけて「カマコン」会員へのアンケート調査（対象 72 件、回収率 41.7％）を行った。2015 年 4 月 13 日、2016 年 9 月 21 日には「カマコン」事務局より本章の事実の記載に誤りがないか確認を得た。

7 2016 年 6 月 1 日、2016 年 9 月 21 日に「カマコン」事務局より確認。なお、本文の表記は基本的に「カマコン」で統一しているが、調査時点で同組織が「カマコンバレー」であったことからアンケートや聞き取り調査のコメントの一部で「カマコンバレー」という表記のままになっている箇所がある。コメントに関しては調査時点の事実を重視して「カマコンバレー」のままになっていることに留意されたい。

8 「鎌倉宗教者会議」は、継続的に実施が続いている。「鎌倉宗教者会議」ホームページ（2016 年 9 月 9 日検索）http://www.praykamakura.org/ には、設立に至る経緯などが記されている。読む限り、「鎌倉宗教者会議」も社会や鎌倉に対する想いの強い活動が進められていることを伺える。

9 「カマコン」提供資料（2014 年 6 月 8 日入手）より算出。

10 杉山・瀬田（2015）では、こうした多様な産業を「創造的産業」と表現した。創造的産業は、特定産業と呼べるような概念ではなく、広範囲にわたる分野が含まれる。

11 2014 年 6 月 8 日の調査時に聞き取り。

12 2015 年 11 月 27 日、「きららカフェ」の Y 氏より聞き取り。

13 鎌倉市の構成比は、鎌倉市内の NPO 法人 127 法人（http://www.kcn-net.org/npo/houjin.html）を総務省「平成 24 年経済センサス」鎌倉市法人事業所数 4,404 法人で除した。全国、沖縄県、東京都、神奈川県、横浜市構成比は内閣府 NPO ホームページ（https://www.npo-homepage.go.jp）の NPO 法人数を総務省「平成 24 年経済センサス」の沖縄県、東京都、神奈川県、横浜市の法人事業所数で除した（杉山・瀬田 2015）。

14 2014 年 6 月 8 日および 2014 年 10 月 23 日に筆者聞き取り。

15 2014 年 9 月～10 月に実施した筆者と瀬田史彦氏によるアンケート調査結果より。

16 2016 年 9 月 21 日、「カマコン」事務局より確認。

17 前掲注 14 のアンケート調査結果より。アンケートは法人と個人に分けて実施したがいくつか共通の質問を設置した。調査件数で共通の質問への回答は合算して表記している。図 1 の一部には回答者の一人が複数選択して n ＝ 30 をこえた項目があるがそのまま記載している。また、図 1「どのような点において『カマコンバレー』への参加が仕事と生活にとって有益か」の質問は、複数回答のため n ＝

115 となっている。なお、表 2 は本項目有効回答数 22 人中 20 人分の意見を表記
している。

18　前掲注 14 のアンケート調査結果より。本項目有効回答数 20 人中 17 人分を記載。

19　「iikuni」ホームページ(2016 年 9 月 9 日検索)http://iikuni-kamakura.jp。

20　以下の記載は、2014 年 6 月 8 日、2014 年 10 月 23 日の聞き取り調査と現地での
筆者による状況確認に基づいて記載している。

21　「カマコン」ホームページ(2016 年 9 月 9 日検索)http://kamacon.com/。

22　2014 年 6 月 8 日に筆者聞き取り。

参考文献

アダルベルト・エバース、ジャン＝ルイ・ラヴィル (2007)「欧州サードセクターの定
義」アダルベルト・エバース、ジャン＝ルイ・ラヴィル編　内山哲朗・柳沢敏
勝訳『欧州サードセクター―歴史・理論・政策』pp.15–58．日本経済評論社

アラン・リピエッツ　井上泰夫訳・解説 (2011)『サードセクター―「新しい公共」と
「新しい経済」』藤原書店

アンリ・ルフェーブル (2011)『都市への権利』ちくま学芸文庫

伊丹敬之 (2009)『イノベーションを興す』日本経済新聞出版社

上野和彦 (2007)『地場産業産地の革新』古今書院

加藤和暢 (2005)「地域経済論の課題と展望」矢田俊文編著『地域構造論の軌跡と展
望』pp.174–187．ミネルヴァ書房

加藤恵正 (2002)「都市ガバナンスとコミュニティ・ビジネス―パートナーシップによ
る地域イノベーションの可能性」『都市政策』第 108 号 pp.12–27.

加藤恵正 (2009)「都市の経済戦略―City-Region Innovation 政策へ」『都市政策』第
134 号 pp.23–34.

川端基夫 (2008)『立地ウォーズ―企業・地域の成長戦略と「場所のチカラ」』新評論

北島健一 (2014)「コミュニティ・ビジネスと連帯経済―買い物弱者問題から考える」
坂田周一監修、三本松政之・北島健一編『コミュニティ政策学入門』pp.125–
141．誠信書房

杉山武志 (2015)「『創造農村』に関する概念的検討に向けて―地理学的視点からの提
起」『人文地理』第 67 巻 pp.20–40.

杉山武志・瀬田史彦 (2015)「コミュニティビジネスを通じて生成される創造的産業の
担い手の『連帯性』に関する研究―神奈川県鎌倉市の『カマコンバレー』の取
り組みを事例に」『都市計画論文集』第 50 巻第 3 号 pp.1244–1251.

田坂逸朗 (2015)「授業『地域イノベーション論』の試み―地域イノベーション教育に
よる社会貢献と教育の統合」『ひろみら論集』第 1 巻 pp.53–67.

武石彰（2016）「イノベーションの経済・経営思想」大澤真幸・佐藤卓己・杉田敦・中島秀人・諸富徹編『岩波講座現代 3　資本主義経済システムの展望』pp.137–164．岩波書店

ジャン＝ルイ・ラヴィル（2012a）「連帯と経済―問題の概略」ジャン＝ルイ・ラヴィル編　北島健一・鈴木岳・中野佳裕訳『連帯経済―その国際的射程』pp.15–94．生活書院

ジャン＝ルイ・ラヴィル（2012b）「日本語版序文」ジャン＝ルイ・ラヴィル編　北島健一・鈴木岳・中野佳裕訳『連帯経済―その国際的射程』pp.3–5．生活書院

デヴィッド・ハーヴェイ　森田成也・大屋定晴・中村好孝・新井大輔訳（2013a）『反乱する都市―資本のアーバナイゼーションと都市の再創造』作品社

デヴィッド・ハーヴェイ　森田成也・中村好孝・岩崎明子訳（2013b）『コスモポリタニズム―自由と変革の地理学』作品社

富樫幸一（2005）「空間的分業とコミュニティの論理」矢田俊文編著『地域構造論の軌跡と展望』pp.188–201．ミネルヴァ書房

中澤高志（2013）「経済地理学における生態学的認識論と 2 つの『埋め込み』」『経済地理学年報』第 59 号 pp.468–488．

野澤一博（2013）「科学技術型イノベーションの空間―長野県カーボンナノチューブと山形県有機 EL の研究開発を比較して」松原宏編『日本のクラスター政策と地域イノベーション』pp.195–221．東京大学出版会

野中郁次郎・廣瀬文乃・平田透（2014）『実践ソーシャル・イノベーション―知を価値に変えたコミュニティ・企業・NPO』千倉書房

ピーター F・ドラッカー　上田惇生編訳（2000）『はじめて読むドラッカー【社会編】イノベーターの条件―社会の絆をいかに創造するか』ダイヤモンド社

本田洋一（2016）『アートの力と地域イノベーション―芸術系大学と市民の創造的協働』水曜社

マイケル・E・ポーター　土岐坤・中辻萬治・小野寺武夫・戸成富美子訳（1992）『国の競争優位［上］』ダイヤモンド社

マイケル・E・ポーター　竹内弘高訳（1999）『競争戦略論 II』ダイヤモンド社

松原宏（2013a）「産業クラスターと地域イノベーションの理論」松原宏編『日本のクラスター政策と地域イノベーション』pp.3–25．東京大学出版会

松原宏（2013b）「クラスター・地域イノベーション政策の課題と展望」松原宏編『日本のクラスター政策と地域イノベーション』pp.283–297．東京大学出版会

三橋浩志（2013）「日本のクラスター政策と地域のポテンシャル」松原宏編『日本のクラスター政策と地域イノベーション』pp.53–80．東京大学出版会

文部科学省（2011）「地域イノベーション戦略推進地域について」（2016 年 9 月 26 日検

索）http://www.mext.go.jp/a_menu/kagaku/chiiki/program/1307356.htm.

山本健兒（2005）『産業集積の経済地理学』法政大学出版局

ヨーゼフ A・シュムペーター　中山伊知郎・東畑精一訳（1995）『資本主義・社会主義・民主主義』東洋経済新報社

吉川洋（2012）『高度成長—日本を変えた六〇〇〇日』中公文庫

Guy, Claxton.（2008）Wisdom: Advanced creativity. In Anna, Craft. Howard, Gardner and Guy, Claxton.（ed.）*Creativity, wisdom, and trusteeship*, pp.35–48. California: Crown Press.

第6章

WTCテロ直後から跡地利用計画案決定に至る市民による「話し合い」のプロセス

青山公三

私と話し合いとのかかわり

　私は米国に1992年から2007年まで15年間滞在していました。その間、各地の市民による話し合いの現場を数多く訪れました。アトランタでは広域都市圏団体主催の広域ビジョンワークショップ、ボルチモアでは幹線道路に関するタウンミーティング、シアトルでは経済団体と広域都市圏団体共催の市民会議等々の他、WTC事件に関わるニューヨークのワークショップにも参加しました。

　参加してみて、当時の（現在も？）日本の市民参加のプロセスに比べると格段に進んだシステムに大きな驚きを覚えました。一つは話し合いのテクノロジーの活用であり、二つ目は熟練されたファシリテーターの存在でした。また三つ目は行政がワークショップの結果を重視し、具体化していくことでした。テクノロジーによって迅速さが担保され、ファシリテーターによって内容が担保され、そして役所によって実現が担保されるというものでした。その時以来、地域づくりにおける三つの要素を持つ「話し合い」の必要性を痛切に感じています。

要旨

　2001年に起きた同時多発テロで、ワールドトレードセンター（WTC）が破壊されたニューヨークでは、市民団体が中心となって、事件の翌月から多くの市民を巻き込んだ跡地復興のための様々なワークショップが進められた。多くの市民達がWTCを再認識し、マンハッタン南部全体を含めたこれからの跡地利用方向を検討する大変重要な機会となった。こうした話し合いを重ねることで、役所側も市民団体が進めるワークショップに役所サイドの提案を諮ってみたりもしたが、市民たちは提案に対して明確なNOを突き付け、独自の判断を示した。これらのプロセスは大部分が市民団体主導で進められ、多くの人々が計画案決定に至る話し合いに参加したことは大きな意義があった。

1.　はじめに

2001 年に起きたニューヨークのワールドトレードセンター（以下 WTC）への航空機突入のテロから 17 年余が経過した。WTC の跡地は、まだ建設途上のビルもあるが、ほぼ復興が成し遂げられた。事件後、WTC の復興に向けての動きは、事件のあった翌月の 10 月から始まった。2001 年 10 月下旬に Civic Alliance to Rebuild Downtown New York（ニューヨークダウンタウン再建のための市民連合：以下シビック・アライアンス）が結成された。

シビック・アライアンスの構成メンバーは広域計画団体、都市計画団体、建築団体、大学、研究団体、大手研究財団、慈善団体、社会福祉団体、労働団体等々、大変多彩なメンバー 90 団体余が名を連ねていた。このシビック・アライアンス自体はもちろん、各構成団体が各地で様々な市民との対話の動きを開始した。

本章では、まだ瓦礫の撤去すらできていなかった時から、WTC 跡地の利用について、ニューヨーク市民はもとより、都市圏に住む人々も巻き込んで跡地のあり方を議論してきた話し合いのプロセスを紹介したい。

ニューヨーク州と市は 2001 年 11 月初めにロウアーマンハッタン開発公社（Lower Manhattan Development Corporation：LMDC）の設立を発表し、11 月末には、LMDC が設立された。

一方 12 月から 2002 年 2 月にかけて、様々な大学、建築家グループ、ノンプロフィット団体などが次々に WTC の復興計画案についての議論や、展示を開始しだした。毎週のように、どこかで、何らかの形で会議やシンポジウムが持たれていた。

こうした動きを市民の側から集約したのが、2002 年 2 月 7 日にシビック・アライアンスが開催した「Listening to the City：街に聞こう」というイベントであった。これを一つの契機に、市民が WTC の復興跡地利用計画に対し、様々な注文をつけていくこととなった。本章では、そうした動きと具体的な内容なども紹介したい。

2. Civic Alliance to Rebuild Downtown New York （NY ダウンタウン再建のための市民連合）[1]

　シビック・アライアンスの正式名称は、このタイトルの通りである。WTC 事件後のダウンタウン再建を、市民の側から検討していくために、2001 年 10 月に発足した。発足した当初は 80 団体余であったが、2003 年 3 月には、94 団体がメンバーとして名を連ねていた。

　メンバーとなっていた団体、組織は、コミュニティ団体、労働団体、ビジネス団体、計画団体、環境団体、文化団体、教育団体、法律団体、ボランティア団体、各種財団、大学等々、非常に多彩である。この団体を取りまとめていたのが、ノンプロフィットの広域計画団体として有名な純民間団体の地域計画協会（Regional Plan Association：RPA）であり、ニューヨーク大学、プラット大学、ニュースクール大学の 3 大学がその運営をサポートしていた。

　直接的な運営資金は、シビック・アライアンスの会員のうちのいくつかの財団から提供されているが、運営そのものは、各団体のボランティア的な人的提供によっている。私は当時、ニューヨーク大学と提携関係にあった研究機関でニューヨーク行政研究所（Institute of Public Administration：IPA）に勤めていて、IPA からの推奨もあり、ワークショップやシンポジウムに参加した。

　シビック・アライアンスの最初の大きな活動は、2002 年 2 月に開催された「Listening to the City（街に聞こう）」であった。このイベントには、様々な分野の人々が参加し、事件後、初めて多くの市民の意見を集約した。

　写真はシビック・アライアンスが 2002 年 2 月に開催した市民ワークショップの様子である。市民に限らずここで働いていた人々の参加も得て、具体的な議論をする試みであった。ワークショップには約 700 人弱が参加し、朝 8：00 から午後 3：00 まで、昼食をはさんで約 7 時間のマラソンワークショップが開催された。

　このワークショップは、参加者を約 70 のグループに分け、それぞれのグ

図1　South Street Seaport で開催され
た第1回 Listening to the City
（筆者撮影）

図2　第1回 Listening to the City ワー
クショップ
テーブルにはワイヤレスでインターネットに
接続されている記録用パソコン、参加者投票
用のリモコン、地図等が用意された（筆者撮影）

ループは、できるだけ多様な構成となるように配慮された。

　例えば私が参加したグループでは、建築家、金融コンサルタント、ケース
ワーカー、貿易関連の自営業、病院の事務員、消防庁（職員）、ポートオーソ
リティ、大学職員などという構成であった。事件に直接遭遇した人はいな
かったが、現場近くで働いていた人は2人いた。1グループ約10人座るた
めの丸テーブルが約70脚用意された。

　各テーブルにはシビック・アライアンスのメンバーからのボランティア1
名が議論のファシリテーターとして配置された。私のテーブルではファシリ
テーターは女性で、実に見事に参加者の意見を引き出すプロフェッショナル
であった。（図2のパソコン右の女性）

3.　Listening to the City における話し合いのハイテク活用

　シビック・アライアンスは、これらの人々の議論を活発に行わせるため、
ハイテクを活用した。写真のテーブルの上に、テレビのリモコンのようなも
のがあるが、これは、議論の途中で、参加者からアンケートを取ったり、投
票してもらうための道具である。

第6章　WTCテロ直後から跡地利用計画案決定に至る市民による「話し合い」のプロセス　95

　会議冒頭には、参加者の属性を相互に認識するために年齢や職業、人種、所得等々を聞き、参加者がリモコンで、該当のボタンを押すと、その集計結果が即座に会場前面のスクリーンに映し出された。またワークショップは、いくつかの議論のセッションに分けられていたが、そのセッションの冒頭に、セッションのテーマに関する質問、例えば「復興を考える上で、あなたにとって何が最も重要な要素か？」と問い、いくつかの選択肢を選ばせ、その集計結果を見せ、議論に入っていく。

図3　アンケート・投票で使われたリモコン　　　　（筆者撮影）

　議論に入っていく際に全体のコーディネイターのコメントが非常に印象的であった。それは、「この投票結果に出てきた結果はあくまでも議論する前の皆さんの認識を表しています。少数意見でもその意見に気づいていないチームのメンバーもいるはずなので、ぜひ自分の意見は少数意見だから駄目だと思わないで、他の皆さんにあなたの考えをしっかり説明してあなたの味方を作ってください。」というコメントであった。少数意見にこそ皆が気づいていない重要な意見が隠されている可能性があるということである。

　このコメントは少数意見派を勇気づけた。何でも多数決で決めるのではなく、こうした話し合いのプロセスが重要ということであった。

　またさらに、写真のテーブルにコンピュータがあり、1人が議論の記録をタイプしている。このコンピュータはワイヤレスでインターネットに接続されており、タイプされた記録は同時にマスターコンピュータに送られる。コーディネイターはそれを整理し、セッションの最後に、「こういう議論があった」と紹介し、時には個別に具体的な内容についてテーブルから説明もしてもらう。テーブル毎に多様な人達を配置して議論をさせ、かつ会場全体の議論も行うという試みであった。

当日、すべてのセッションが終わって、会場を出る際には、各セッションで行われた全体のアンケート結果と、出された主要な議論についての数ページのレポートが会場の出口で配られていた。

市民参加の多様な議論を行い、それを即座にまとめるのはどのような場合にも重要であるが、実際にそれを行うのは大変難しい。通常、大規模な市民参加の会議のまとめは、早くても 2 〜 3 ヶ月というのがこれまでの認識であった。しかし、計画作りが並行的に進められている場合、まとめが 2 〜 3 ヶ月先では遅すぎる。

しかし、シビック・アライアンスは、ハイテクの活用により、それを克服した。参加者達のシステムに対する満足度は、全体の 97％ に達した。このシステムに要した費用 75,000 ドルは、シビック・アライアンスに参加する多くの財団からの寄付でまかなわれた。

このシステムはこのワークショップのために開発されたものではない。1995 年に設立されたアメリカ・スピークス（AmericaSpeaks）というノンプロフィット団体が、90 年代後半から全米各地の大規模な市民参加型のフォーラムやワークショップを実施するために開発したものであった[2]。しかし、ニューヨークの人々にとっては、このシステムを用いたワークショップは初めての体験であり、当時の最高のテクノロジーを活用していて、非常に高い満足度が得られたものと言える。

この第 1 回目の「Listening to the City」においては、①ダウンタウン全体の土地利用の方向性、②交通のハブとしての位置づけ、③ビジネス・経済開発、④地域コミュニティのあり方、⑤再開発プロセス、⑥環境、そして⑦記念碑・記念館等々のことが話し合われた。詳細な議論の内容を紹介する紙幅はないが、ダウンタウンでは、住宅も含めた 24 時間型の混合型土地利用を考えていくことと、各種交通のニューヨーク市における基幹ハブとして役割を果たしていくこと、そして、世界の金融街としての機能を保ちつつ、スモール・ビジネスの活躍できる場所にしていくことなどが議論された[3]。

4. 第2回 Listening to the City（2002年7月20日）

　第1回 Listening to the City は、大成功し、この成果は、翌日の新聞など
にも大きく取り上げられた。その意味でのインパクトは大きく、役所側もこ
れを無視できない状況となってきた。

　そうした中で、シビック・アライアンスはこの成功に自信をつけ、独自に
より大規模な第2回目を考えていた。LMDC と WTC 地権者のニューヨー
ク・ニュージャージー・ポートオーソリティ（PANYNJ）はこの機会に、具体
的な WTC の再開発案について、市民に議論してもらう必要性を感じてい
た。LMDC と PANYNJ の両者は、第2回 Listening to the City への資金提
供を行うことを決定し、シビック・アライアンスもそれを受け入れ、5,000
人規模のタウンミーティングが 2002 年7月20日に開催されることとなっ
た。

　LMDC と PANYNJ は、第2回開催が決まると、それに合わせて7月16
日に6つの再開発コンセプトプランを発表した。その直後の7月20日、第
2回「Listening to the City タウンミーティング」がジャビッツ・コンベン
ションセンターで4,300人余の参加者を集めて実施された。また、7月22
日にも追加で同様のワークショップが200人規模で開催され、オンライン
でも意見募集が行われた。参加者はニューヨーク大都市圏を中心に、様々な
人々の参加を得て実施された[4]。

　4,300人以上の人達が、同じ日に同じところで、同じテーマを議論すると
いうのは、多分、史上初めてのことであったであろう。

　コンベンションセンターには500以上のテーブルと、第1回で用いられ
た様々なハイテク機器が用意された。4,300人が様々なテーマで、途中、リ
モコン投票などを行いながら、同じ形で議論を展開していった。

　議論の詳細な内容は、おおまかに言えば、第1回の議論と同様、土地利
用のあり方、メモリアルのイメージ、交通の機能、ビジネス開発の考え方、
コミュニティ形成、環境のあり方等々、実に多様な議論が展開された。これ
らは後々のデザインコンペなどに反映されていくこととなる。これらの議論

図4 ジャビッツ・コンベンションセンターで 4,300 人が参加して行われた第 2 回 Listening to the City

の他、ここで議論すべき重要なテーマが、4 日前に LMDC と PANYNJ から出されたばかりの 6 つの再開発コンセプトプランに対する議論であった。

5. 6つの再開発コンセプトプラン

　LMDC と PANYNJ の思惑は、6 つの再開発コンセプトについて、どのようなイメージが良いかをこのタウンミーティングである程度方向付けをしてもらうことであった。しかし、このタウンミーティングでは、全ての案に対し、非常に否定的な評価が下された。

　コンセプトの案自体、あまり良いものではなかったことは確かであるが、LMDC と PANYNJ は、この案を出した背景説明をきちんとしなかったのではないかと思われる。批判の多くは、なぜこれほど多くの商業・業務床のボリュームを確保しなければならないのかというものであった。ボリュームを確保するために、いずれの案も、旧 WTC の周りを大きなビルが取り囲むようなイメージになってしまったのである。

　こういうことになったのには大きな理由がある。旧 WTC の保険条項に、ビルが被害を受けて、使い物にならなくなった場合、保険金は支出されるが、その支出条件の一つに、被害を受けたビルの床面積のある一定割合以上

を回復しなければならないという条項があった。これによって、崩壊した WTC だけで 88 万 m²、他の崩壊したビルの床面積もあわせると 120 万 m² 以上（第 7 WTC は除く）になり、契約に従って回復しなければならない床面積が約 100 万 m² を超えていたことは確かである。

WTC の跡地再開発には、この保険金が欠かせず、それを考慮するとコンセプトプランで示された大きなボリュームのビルをイメージせざるを得ず、そのイメージが復興プランであると参加者に誤解されてしまったのである。

6 つのコンセプトプランは、全部前に「メモリアル」がついて、それぞれ、「プラザ」「スクウェア」「トライアングル」「ガーデン」「パーク」「プロムナード」という提案であった。要は、メモリアルの土地利用形態のイメージを議論してもらいたかったのである。しかし、復旧せざるを得ない床面積のボリュームイメージを入れてしまったために、各土地利用パターンを議論するところまでいかず、復旧されるビルの形状で判断されてしまったのが残念であった。6 つの案についてすべてその場で投票を行ったが、最高に賛成票を集めた案でも 15 % 程度の賛成であり、結果的に全部否定されてしまったのに等しい。

こういう不特定の多くの人々が集まって議論を進めようとする場合、彼らに何らかの重要な判断・評価を求めるためには、その狙いや前提条件、着地点などを明確にしておくことが不可欠である。LMDC と PANYNJ は市民が話し合い、判断して欲しかったのは、建物の形状や配置などではなく、土地利用のパターンだったのである。

結局、LMDC と PANYNJ は、8 月にこれら 6 つの案を撤回し、新たに国際コンペによって WTC 跡地の再開発案を策定することを決定した。

6. 国際デザインコンペ

WTC 跡地のデザインコンペは、これも正確に言うと、建物のコンペではなく、土地利用パターンのデザインコンペであった。これは多くの人々が、誤解をしていた大きな点である。このコンペの主体となっていた州や市の役

所サイド（LMDC を含む）が実際に主導的に事業を行えるのは、サイトにおけるメモリアルと交通ハブの建設、及びオープンスペースの構築・維持管理などしかないのである。

　実際の周りを取り囲むビルについては、土地のリース権を持ち、保険金の支払い対象である民間ディベロッパーである。そのディベロッパーに対し、役所はある程度のデザインガイドラインを示すことは出来ても、実際の建物のデザインまで規定する（押し付ける）ことは不可能である。保険金の支払額なども決着していなかった段階では、ビルの建設主体の意見を取り入れたコンペを行うこともできない。

　したがって、行われたコンペは、建物のデザインを規定するコンペではなく、土地利用のパターンコンペであったのである。この点の認識がコンペに参加した日本人の有名建築家でさえも、事後談として、建物のコンペだと思っていたと話していた。

　コンペの実施は、8 月に発表されたが、2002 年 9 月 15 日までに資格認定の応募を国際的に行い、計 406 チームが応募してきた。このうち、9 月 30 日までに、7 チームが指名コンペを受ける資格を得たが、最終的に 1 社は、WTC サイトの地権者との密接な関わりがあったことから、辞退し、6 チームが実際にコンペに参加することとなった。

　11 月末に 9 つの計画案が完成し、12 月 18 日に一般公開された。延べ 10 万人の人々がこの計画案を見て、多くの人々が、計画案に対する意見を寄せた。またオンラインでも意見の受付を行った。

7.　その他の市民参加、大学、専門家参加の動き

　LMDC は、2002 年 8 月以降 11 月までに、ニューヨーク市内や、ニュージャージー、コネチカットの各地で、パブリックヒアリングを計 9 回開催した。この役所側や、シビック・アライアンスの動きとは別に、2002 年 1 ～ 2 月頃から、市民を巻き込んでいくつかのユニークな活動が展開された。

　一つは、ニューヨーク市芸術協会（Municipal Arts Society：MAS）である。

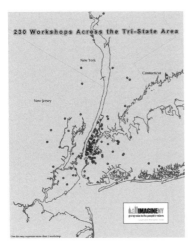 

図5 Imagine New Yorkによるニューヨーク都市圏内で開かれたワークショップ分布図
資料：当時のMASのサイトより保存

図6 Imagine New Yorkによる中国人コミュニティでのワークショップ
資料：当時のMASのサイトより保存

MASは、事件後、組織内部に「Imagine New York」というプログラムを立ち上げた。2002年2月〜4月までの間に、ニューヨーク都市圏内で、延べ230の地域ワークショップを開催し、延べ3,500人の参加を得て、オンライン経由のアイデアも含め、約18,500件に及ぶアイデアを集め公表した。

また、2002年12月に国際コンペによる9つの土地利用デザインコンペ案が公表されたのを受け、「Imagine New York II」を立ち上げ、9つの案に対する市民の意見集約も行った。

Imagine New Yorkは、ニューヨークでは特にマイノリティとなっている中国人、ヒスパニック、ロシア人等々の人々が多く住む地域に行ってワークショップを開き、彼らの意見を集約して発表し、LMDCやPANYNJなどにも届けた。

もう一つの団体は、「New York New Vision」という建築家、都市計画家の専門家集団である。この団体は、WTC事件後、シビック・アライアンスにも加わっていたが、シビック・アライアンスが第1回Listening to the

図 7. 図 8　New York New Vision による復興計画案の展示

（筆者撮影 2002 年 1 月 30 日）

City を開催する直前の 2002 年 1 月に New York New Vision 主催のグランド・ゼロの復興計画案の展示、と展示を前にしたプレゼンとディスカッションなどを行い、復興への機運を盛り上げた。

　このイベントは、傘下の建築家、都市計画家たちが、独自に復興計画案を策定し、展示をし、市民たちに呼びかけ、展示会場で市民と建築家、都市計画家が議論するような機会が設けられた。

　またその後、New York New Vision は 2002 年 7 月に LMDC と PANYNJ から出されたコンセプトプランの評価を専門家の目から独自に行った。そしてその後、LMDC に依頼され、国際デザインコンペに向けての資格認定応募案（407 案）の評価と、7 チームの選定を行った。そして、提案された 9 つのプランに対し、建築、都市計画の専門家としての立場からそれらの専門的な評価を行い、LMDC に提出した。これらの評価がそのまま選定プロセスにも用いられた。

　国際コンペの計画案は前にも述べたように、2002 年の 12 月に公表されたが、公表の際、New York New Vision が行った専門的な評価結果は、併せて公表され、市民はもとより、専門家がコンペの評価を行うのにも大変重要な役割を果たした。

　さらに、第 1 回 Listening to the City の直後からいくつかの大学でシンポジウムやフォーラムが開催された。写真は、2002 年 2 月 8 日にニューヨー

第6章　WTCテロ直後から跡地利用計画案決定に至る市民による「話し合い」のプロセス　103

**図9　ニューヨーク市立大学バルーク校で開催された
復興に向けてのシンポジウム**

(筆者撮影 2002年2月8日)

ク市立大学バルーク校で開催されたシンポジウムの模様である。

　前日に開催された Listening to the City とは異なり、大学の専門家、企業の専門家、行政の専門家、そしてプランニングなどの専門家達が集い、議論が展開された。

　この日行われたテーマは、災害直後のリモート・センシング、復興に向けての技術的なプロセス、復興計画を検討する上での経済・社会的要因などであった。ここでは、大学の教授陣の報告・発表はもちろんであるが、ニューヨーク市や PANYNJ からも専門的・技術的な報告・発表があり、また企業サイドの報告もあった。まさに産学官が勢ぞろいして、互いに専門的な部分で情報交換ができていたと感じた。

　このようなシンポジウムやフォーラムが各大学で断続的に開催された。各大学は、自分の大学の強みを生かしつつ、WTC の復興計画に取り組むことができた。しかし何よりも正式に役所の立場で参加していたかどうかはわからないが、ニューヨーク市や州政府、LMDC、PANYNJ などの復興計画担当者の参加者も多く、彼らは大学の研究者やノンプロフィット団体、民間企業などから復興についての率直な意見を聞き、意見交換できたことは非常に大きな意義があったと言える。

8. おわりに

　以上のような様々な話し合いを経て、土地利用の国際デザインコンペは、2003年2月4日に9案から2案に絞り込まれた。この絞り込みにあたっては、先に紹介したNew York New Visionが各提案の専門的なチェックを行った評価書を提出し、それらと市民の投票結果などをふまえて2月27日に最終案が決定された。

　この最終案決定に際し、コンペの審査委員会が選んだ案は、日本人建築家を含むTHINKというチームの案であった。しかし、最終的な発表段階の直前に、当時のパタキ州知事とブルームバーグ市長との話し合い後の決断で、ダニエル・リーブスキンドの案が選ばれた。

　その決断理由は、WTC事件被害者の遺族達の強い意向と、この案が周りの建物形状がどうあれ、メモリアル(記念館)が独立的に計画されていたからである。THINKの案は倒れたツインタワーをトラス構造で復元しつつ、ちょうど航空機がタワーに突入したあたりの空中にメモリアルを作るという提案であった。リーブスキンドの案はもとのツインタワーがあった部分を残し、そこをメモリアルにするという提案であった。

図10　国際コンペで最終案に選ばれた
　　　ダニエル・リーブスキンドの提案
(於：国際コンペ案展示会場にて筆者撮影
　　　　　　　　　　2003年1月18日)

　THINKの案はデザイン的、独創的という点では優れていて、人々の共感を誘うものであったが、トラス構造のタワーを建設する費用を含めた実現性を考慮するとリーブスキンドの案に軍配が上がったわけである。

　また、上記で述べたように、この国際コンペは本来、建物のデザインを競うコンペではなく、土地利用のパターンを決めるコンペであったという点

を、パタキ知事とブルームバーグ市長は冷静に判断したという結果でもある。

　以上のプロセスを経て WTC の復興計画案が決定されたわけであるが、図 11 はそのプロセスを一覧表にまとめたものである。

　これまで述べてきたように WTC の跡地利用というニューヨークにとっては非常に大きな決断、しかも 2600 人余の事件で亡くなった方々がいたというセンシティブな問題を、まさにニューヨークの英知を集めて議論し決定したというプロセスは称賛に値する。

　しかもそのプロセスが最後はパタキ知事とブルームバーグ市長による決断ではあったが、その直前までのプロセスは民間のシビック・アライアンスが常にイニシアティブをとり、市民を巻き込み進められてきたのは特記に価する。

　もちろん、LMDC や PANYNJ の役所側もタウンミーティングを都市圏内 10 か所程度で開催はした。しかしシビック・アライアンス及びそこに参加する多くのノンプロフィット団体、大学、専門家団体などが実施してきた市民との話し合いのプロセスは、回数においても、質においても、また草の根

- ● 2001 年 10 月　Civic Alliance 結成
- ● 11 月　LMDC 設立
- ● 11 月～ 2 月　大学等フォーラム開催
- ● **2002 年 2 月　第 1 回 Listening to the City**
- ● 1 月～ 3 月　建築家、都市計画家達による提案
- ● 2 月～ 4 月　Imagine New York の草の根ワークショップ
- ● 7 月 16 日　LMDC, PA による 6 つの土地利用モデル案の提示
- ● **7 月 20 日　第 2 回 Listening to the City**
- ● 8 月　LMDC が 6 つのモデル案撤回
  　　　国際コンペ実施が決定、応募者登録開始
- ● 9 月　6 チームの認定設計チーム決定
- ● 12 月　6 チームによる 9 つの提案公表、展示
- ● 2003 年 2 月　国際コンペ最終案の発表
- ● 5 月　メモリアルの国際デザインコンペ開始

図 11　市民参加による WTC 復興のプロセス

図12　再興したWTC（筆者撮影）

性においても、さらには最終的な結論に至るプロセスへの影響力を見ても、民意の結集という点では非常に輝かしい成果を残したと言えよう。

　グランド・ゼロの跡地及びその周辺は、事件後約17年を経て見事に復興を遂げた。またメモリアルも地上に公園、地下に展示施設が整備され、犠牲者の遺族の方々も満足のいく施設となったであろう。周辺のビルや交通施設は、Listening to the City で話し合われた内容の多くが現実のものとなっている。世界経済の拠点としての機能も取り戻しつつある。

　ニューヨークの人々は、このプロセスに大きな達成感を持って、次へのステップに向けて進もうとしている。

注

1　http://lab.rpa.org/tag/civic-alliance-to-rebuild-downtown-new-york/
2　AmericaSpeaks は 1995 年〜 2014 まで約 20 年間で、50 以上の大規模なタウンミーティングやフォーラムを全米で実施してきた。そのミッションはそれまで行われてきた市民参加のシステムから脱却し、市民が重要な政策形成に迅速、かつ的確に関与できるようなシステムを模索した。https://en.wikipedia.org/wiki/AmericaSpeaks
3　http://lab.rpa.org/revisiting-the-post-911-vision-for-lower-manhattan/
4　http://lab.rpa.org/revisiting-the-post-911-vision-for-lower-manhattan/

第7章

学校教育における「話し合い」能力の育成にむけて

―東京学芸大学附属高等学校における科目間連携の取り組みから

加納隆徳

私と話し合いとのかかわり

　私の専門である法教育は、法律を暗記したり、法を使いこなしたりすることを目的のようにしているように思われがちですが、実際には法やルールの背景とする価値を学んだり、法やルールの意義を思考するところに特徴がある学習です。代表的学習方法に「ルールづくり」があり、「話し合い」に興味をもったのはこの学習に関心をもったのがきっかけでした。海外の教材では、ルール作り学習が重視されており、law making として項目を立てて学習するほどです。そこでは自分の意見と他人の意見をぶつけ合いながら、話し合いを通じて社会の決まりをつくる営みを学校現場で学んでいます。多様な意見を尊重する民主主義社会を形成するためには、学校において生徒1人ひとりが意見を出し合う場所をつくり、ルール手続きの正統性やルールの妥当性などを考え学び合う必要があります。私が「話し合い」に関心をもつのは、上記の理由が存在するためです。

要旨

　東京学芸大学附属高等学校において取り組まれた科目間連携授業（リスク社会と防災）を通して、学校教育における話し合い能力の育成に向けた取り組みを紹介する。リスク社会と防災では、公民科と理科(地学)とのコラボレーション型授業を行い、防潮堤建設に関わる合意形成をめざすロールプレイ・話し合い授業を行った。その上で東北における防潮堤に関する合意形成を見学する「東北スタディツアー」を行い、現場で課題となっている社会問題を追究する取り組みを行った。これらの活動を通し、地域社会における合意形成における話し合いの重要性を社会的課題として捉え、高校生の立場から解決策を模索した。高校生は話し合い活動を実際に行った上で、メタ的な視点で話し合い活動のあり方を考える事ができ、高校生の話し合い能力の育成をすることが出来た。

1. はじめに

　学校教育において「話し合い」能力は育成できるのか。今回、これが筆者に与えられた課題である。話し合い活動は、学習指導要領においても重視されている学習領域であり、小学校から高等学校までにおいて「話し合い」活動に関わる学習活動が明記されている。そこには「話す」能力・「聞く」能力だけでなく「社会的な事項を含む幅広い範囲から課題を見つける」ことを含めて、自分の考え方をあきらかにしながら、探究していく活動の必要性が学習指導要領において求められている。

　また、教育現場で近年、着目されているコンピテンシー・ベースの教育活動[1]においても、「話し合い」活動も一つの能力として位置づけられている。学習指導要領の改訂においても「対話的な学び」は学習活動の一つの柱として見なされている。学校現場において「話し合う」という行為はこれまで以上に着目されてきている[2]。

　今回、筆者が高等学校において行った教育実践を通じて、話し合い能力の育成を目指した公民科の教育活動について報告する。

2. 学校教育における「話し合い」とは

2.1 ディベートと話し合い

　社会科において社会事象を追究する取り組みの中で話し合い活動は重視されてきた学習活動であった。例えば、戦後間もない時期に実践されていた社会科のことを「初期社会科」と称するが、この時期に取り組まれてきた教育活動においては、「話し合い」活動という形で行うものが多く見られた。当時、カリキュラム編成の自由度が高かったこともあり、児童・生徒が見つけ出してきた貧困問題や農村問題など社会問題を解決していこうとする取り組みを「話し合い」活動という形で行うものが見られた。これらの活動は教育活動として現在でも評価が高いものの、学習が深まらないケースも散見され、児童生徒を這い回らせている所謂「這い回る」社会科と批判された。そ

のため、昭和 30 年代以降、学習指導要領の改定が行われ、系統的学習にカリキュラム的にも転換していくこととなり、社会科の学校教育活動から話し合い活動が少なくなってくることになった。

　再度、話し合いに近い活動が注目を集めるようになったのは 1990 年代以降である。一つの手法として注目されだしたのが、ディベート教育である。ディベートは国語科や社会科でもディベートが多く取り入れられるようになり、「死刑制度の是非」や「脳死問題」など社会的に関心の高い話題を議論させる取り組みが行われるようになってきた。「ディベートは、対立する二つの主張の争点をめぐる議論、論争のことであり、勝ち負けを評価する。[3]」ものであり、この時期には全国教室ディベート連盟によるディベート甲子園も開催され、大きな注目を集めた。ディベートの特徴は、論理によって話し合いが進むことであり、論拠とルールに基づいた議論が行われるところである。一方、勝ち負けがはっきりするディベートという競技の特性上、自分たちの主張を上手に訴えるということに傾倒しすぎるという欠点が存在する。そのため、他者の意見に耳を傾けるという部分より、相手を論破するために議論を組み立てるところに力点がおかれる。結果として、話し合いというより競技としての側面が強いものになりがちであった。

　学校教育ディベートについては名古屋短期大学の教授であった中沢[4]に詳しいが、中沢はいわゆるディベート的な方法としての「討論」を取り上げ、日本型の"話し合い"を「極めて対照的な特色を持つ。」と指摘する。中沢によれば、「討論」と「話し合い」は表 1 としてまとめることができる。

　中沢は「最近の若者のコミュニケーション事情」から、ゲーム性のあるディベートが現代の若者にマッチしていると指摘し、ディベートを活用することにより、授業の活性化に成功した例が多いと述べている。一方、日本的なコミュニケーションも否定をしている訳では無く、「西欧的な討論の方法」を学ぶ事を述べており、その双方が大事である事を主張している。

　現在では、ディベートは一般的な教育方法になりつつあり、一定の教育的効果がみられたと言われる。一方、中沢が指摘する日本的な"話し合い"を学ぶ事も必要であり、その双方を組み合わせた学習が今一番求められている

表 1 討論と話し合いの違い [5]

	討論	話し合い
【特色】	参加者が率直に互いの意見を真正面からぶつけ合う。質問や反論を重ね、たがいの共通点や対立点を明確にしていく。最後にいずれの意見が妥当なのかを多数決で結論を出す。	できるだけ決定的な対立や対決を避け、時間をかけて互いの意見を調整する。少しずつ互いに譲り合い、みんなの意見を組合せ、全員合意に向けて場の雰囲気を造り出し、最後には満場一致の結論を引き出す。
【利点と欠点】	議論をたたかわせる内に、何が問題で、その解決にはどんな選択肢があるのかが明確になる。反対派の人たちの協力は得られにくい。	いったん結論に達すれば、決定の実行に際して全員の協力が得られる。結論を得るまでに時間がかかるのと人間関係や場の雰囲気から、結論が参加者の妥協の産物になることがある。

と言える。そこで最近、注目を集めている法教育に着目し、そのなかで実践されている話し合い活動を紹介する。

2.2 法教育と話し合い

　法教育とは「法律専門家ではない一般の人々が、法や司法制度、これらの基礎になっている価値を理解し、法的なものの考え方を身につけるための教育 [6]」のことを指し、日本では 2000 年前後から注目されだした教育活動である。法教育は社会系分野を取り扱う社会系科目（社会科・公民科・生活科）のみならず、家庭科や情報科、体育科や特別活動・総合的な学習にもおいても実践可能な教育であり、参加型の学習であることに特徴がある。

　法教育と聞くと、法の内容を学ぶというイメージをもたれがち（例えば模擬裁判とか）だが、社会の基盤となる「法」に関わる諸問題に焦点をあてる教育活動が多く行われており、その活動には「話し合い」活動を多くとりいれている。そのなかでも近年、「交渉」を取り入れた法教育が注目されている [7]。筑波大学附属駒場中高等学校教諭の小貫 [8] は、交渉教育の必要性を社会の変化にみる。これからの社会が「一人ひとり違う私たちがなんとか折り合いをつけて合意していかなければならない社会」になると指摘。交渉教育

では児童・生徒のロールプレイや議論を重視し、社会問題を調停したり、合意に結びつけたりする活動の重要性を訴えている。

　法教育に交渉を取り入れることは、「話し合い」のなかから合意を導き出し、ルールを自ら作っていこうとする社会を作っていく営みそのものであると言える。法教育が参加型学習であることとも合致し、「話し合い」が今一層注目されているところなのである。

2.3　合意形成と社会科—公共施設建設をめぐる問題

　合意形成は市民の生活を維持する上で、重要なものであると言える。民主社会において、話し合いプロセスを経た合意は重要な意味をもち、社会的合意のない政策は、しばしば社会的な対立を引き起こす。それは、自治会レベルや地方公共団体のレベル、国家レベルであっても、合意形成が重要な意味をもつ。例えば、近所レベルにおいては騒音問題といったことや、地方公共団体においては NIMBY 施設（忌避施設）をどこに設置するかといった問題、国家レベルでは生命倫理などが、これらに該当する。これらは、個人の利害とその他集団との利害に不一致がみられ、それにともなう集団内の葛藤が生じている事例といえる。

　そのなかでも、近年、注目されてきているものとして、社会資本整備に関わる合意形成も困難を生じている一つである。土木計画学を専門としている京都大学の藤井は、著書の中で「社会資本整備や公共事業をめぐる合意形成に問題は近年大いに注目を集めている。[9]」と述べ、土木系の企業や大学などの研究者で構成されている土木学会おいて、合意形成に関わる研究が行われている。また、学校教育でも土木にかかわる学習を進めるための研究が進むようになってきて、モビリティマネジメントの授業づくりなどが行われてきている[10]。社会科の教育においても、当然ながら、合意形成能力の育成を含めた市民的資質の育成が重要なものとなってくる。

3. 東京学芸大学附属高等学校の取り組み

3.1 授業の特色

　東京学芸大学附属高等学校（以下、学大附属と称す）は、2013年より文部科学省指定のスーパー・サイエンス・ハイスクール（以下、SSHと称す）に指定され、様々な取り組みが行われてきた。学大附属SSHの特徴は、理科系に特化することなく、文科系の科目も同時に参加することを当初から企画していた。結果、理数系科目と文系科目の教科間連携授業を重視しており、コラボ授業が多く行われた。近年は、以下、公民科と理数系科目とのコラボ授業の例である。

表2　公民科と他教科による教科間連携授業の内容（近年実施分）

【情報科】	知的財産権を考える[11]（2011 ～ 2012年）
【理科（物理）・国語】	原発再稼働問題を考える（2012年）
【理科（化学）】	地球温暖化問題とダイオキシン問題[12]（2013 ～ 2014年）
【理科（生物）】	生命倫理を考える（2013年）
【地理歴史（世界史）】	平和構築ゼミ（2015年～）

　授業の特色としては、社会的な事象（社会問題）について公民科教員から話題提供し、その解決策を考える上で必要となる知識を他教科から講義してもらい、その後、解決方法を法的視点や政策的視点、経済的視点などから複合的に検討させ、問題解決に向けての意思決定を行っていくものである。最終的には社会問題解決に向けてルールづくり（知的財産権・生命倫理）や政策決定（原発再稼働・ダイオキシン）を考えさせるのである。これらの授業では、社会において合意形成がとれていない問題を多く取り上げ考えさせた。これらの問題は、生徒たち自身が今後直面する課題である。生徒たちは何となく社会問題に関心をもつ者も多いが、解決にむけたプロセスを明確にし、解決方法を文科系・理科系の知識を融合して考え出すところにカリキュラム上の意義があると考えている。

3.2 公共事業と合意形成

　東日本大震災の復旧工事についても、現在、東北各地で復旧工事・復興事業の是非について議論がなされている。特に防潮堤建設に関わる論議は、被災地域の復興問題に関わる重大な論点となっている。防潮堤の建設予定の予算規模・建設の規模があまりにも大きいことがあるため、財政的な問題、景観、自然環境保護の問題、津波災害における命の守り方の問題など、さまざまな問題が複雑に絡み合い、住民と行政、住民同士の議論が尽きない[13]。そのため、建設賛成派と建設反対派との間で民意が割れている例も数多いとされてきた[14]。

　当然、この問題は被災地復興の問題だけに限定されるものではない。公共事業をめぐる合意形成については、先述の藤井が述べている通り、各地の公共事業において地区説明会で合意形成が難しい例も多いと聞く。たとえば、筆者らが取材した土木系コンサルティング会社の関係者によれば、そのような住民説明会について下記の様に述べた。

> ・住民説明会の雰囲気は、説明会の内容や趣旨により様々である。ゴミ処理場の建設に関する住民説明会では緊張感の高い場合も見られ、参加するコンサルタントもその所作にまで気を配ることがある。
> ・住民説明会に全く参加しない無関心層が多いことが気になる。
> ・住民説明会において合意が形成されるか否かは、日頃から行政がどのように市民に接しているかに因ることがある。

（論文より一部抜粋[15]）

　まさに住民説明会は、市民と行政・市民と市民との間で繰り広げられる合意形成に至る手続きプロセスと言える。これまでの行政が主導してきた事業計画の場合、市民は無関心であっても構わなかったし、逆に当該事業計画について市民の関心が高い場合、行政側と市民側との間に対立関係の構図ができてしまったものも多い。

　特にNIMBY施設に類する施設の建設計画の場合、どうしても行政側と市民側の対峙する形も多くなる。行政と市民との関係性を区分けすると、以下の様なものになると考えられる。

（A）　行政から市民への「一方通行説明」型
（B）　行政と市民の「対峙」型
（C）　行政と市民との「協同」型

これらを図に示すと、以下の様に示すことができる。

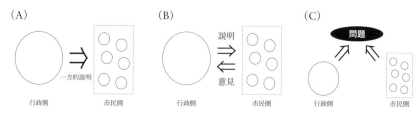

図1　行政と市民との関係性

　図中の○の大きさは、公共事業にかかわる情報量や人的資源の量を表しており、行政側と市民側では圧倒的情報格差が存在する。(A)の形式で説明会が行われた場合、行政側が情報や人的資源を圧倒的にもつため、一方的な説明になりがちである。市民も行政の提案を受け入れるか、逆に反対意見を主張することしか出来ない。これは一方通行型のコミュニケーションであり、行政の主張を相手に納得させるということしか出来ない。それに対して(B)の形式になると、行政の説明に対して市民の側も意見を述べ、議論が成立する。しかし、当然ながら、(B)においても行政側の方が情報などを多くもつために(A)の形に近い形のコミュニケーションになりがちである。一方、行政と市民との関係性が上手くいっている形式は(C)の形が多いと言われる。(C)の形では行政側も市民側も一方のみが提案者といったものではなく、問題にお互いに取り組むという形になっている。例えば、秋田県のある市において総合雪対策基本計画を作成する際に(B)の形式で話し合いをもったものの上手くいかなかった。しかし、話し合いの形式を変更する中で、市役所と市民との間で共に雪対策の課題を協同で取り組むことにより、雪害に強い町づくりに成功した例があった。これは、(B)の形式から、(C)のように「協同」型で行政運営することにより、合意形成が成功した好例とも言える[16]。

3.3 「リスク社会と防災」授業

　以上の問題意識から、公共事業の合意形成に着目した授業作りを行った。学大附属において、科目間連携授業の一環として、公民科と地学科による協

表3　授業実践「リスク社会と防災」

展開	学習過程	学習活動の概要
1時間目	【政府の役割と防災計画】 ・政府の役割とは ・小さな政府、大きな政府とは ・防災計画を立案する	国債発行残高の累増グラフを見て、政府が財政赤字に陥った原因を考えさせる。 小さな政府・大きな政府という考え方を通じ、政府の果たすべき役割がについて考えさせる。 防災計画を立案するときに、政府の役割とは何かという問いを考えさせる。 地学から見た津波対策と公共事業の概要について説明を聞く。 防災計画(防潮堤建設)をすすめるグループ(行政)と防災計画について話し合いをする市民のグループ(市民)にわけ、各グループに課題を課した。
(1時間目と2・3時間目の間は、2週間程度の時間をとった)		
2時間目	【住民説明会】 ・住民説明会をおこなう	立場に応じた役割シートに従って、住民説明会に参加する。 全体に対して行政グループが防災計画の事業説明・質疑応答を行う。 行政側と市民側が同じテーブルにわかれ、「静岡県H市の防災計画」について話し合いを行い、合意形成を目指す。
3時間目	【合意を形成すること、合意形成の難しさ】 ・合意できた内容の発表 ・合意形成を評価する ・土木コンサルタント会社の意見 ・「よい政府」とはどのような政府なのか?	各グループにおいてまとまった合意をクラス全体に対して発表する。 合意形成を評価する観点として、なぜその合意形成ができたのか、どのような手続きで合意形成をしたのかを生徒たちに考えさせる。 社会で生起する問題を解決するための政府のあり方を生徒と追究する。 よりよい政治をめざすために、どのような合意が必要だったのか。土木事業をするために必要な合意とはどうあるべきなのか。

同授業を実施した。この授業では合意形成にむけた環境作り、特に、「話し合い」を重視したものである。公共事業における合意形成の難しさを体験するために、ロールプレイを通じた役割体験学習を通じ、合意形成の課題を実感する授業構成を考え、以下の通りに授業実践をおこなった[17]。

　この授業づくりのポイントは、公共事業に関わる合意形成にいたるプロセスをロールプレイにより体験させることである。公共事業は様々な利害をもつステークホルダーが存在するところに特徴がある。そのため各立場によって、公共財に関わる利害が錯綜するため、容易に合意形成を得ることが難しい。特に、震災後に建設される予定の防潮堤建設問題では、被害の深刻さも大きかったため、海岸沿いに住むために防潮堤建設を主張する人と海岸以外の人々との間では、費用負担と利益との差が大きいこと、高齢者と子育て世代との震災意識の差など、合意形成がなかなか容易に出来ないことを実感させた。ロール（役割）の立場を演じることによりグループにおいて話し合い活動は、その立場ごとの役割から、合意形成の難しさを実感する生徒が多くいた。2 時間目のロールプレイをさせた後、3 時間目において、合意内容についてクラスで振り返りを行った。容易に合意形成をできないもどかしさから、生徒の中からは合意形成の難しさと、政府の役割の大切さを感じるものが多く出てくることになった。教員から生徒に対して、「政府」の役割を改めて問い直し、政府のあり方について追究することが重要であると指摘した。

3.4　東北スタディーについて

　授業実践後、東北における合意形成の実際を見たいという生徒の希望を受け、2014 年度に希望生徒 20 名を引率する形で東北へスタディーツアーを企画した。前年までも東北へのスタディーツアーを実施していたものの、2014 年は「合意形成」をメインにした形でのツアーに組み直した。スタディーツアーの見学先は以下の通りである。

　生徒たちの問題関心は実際の東北を見て、自分たちで取り組めることが何かを考えたいという者が多かった。実際の東北スタディーツアーでは、自分

表4　2014年東北スタディー　行程表

	行程	活動内容
1日目	東京から東北新幹線で一ノ関駅(午前移動) 宮城県気仙沼市 　　大谷海岸　見学 　　小泉海岸　見学	気仙沼市では、気仙沼市まちづくり支援センターの三浦友幸様、小泉海岸及び津谷川の災害復旧事業を学び合う会事務局長の阿部正人様から、実際の話し合いの様子や防潮堤が実際に作られている現場を見学させていただいた。
2日目	宮城県南三陸町 　　志津川地区 　　志津川中学 　　　仮設住宅 宮城県東松島市 　　NPO団体にて 　　ボランティア活動 宮城県東松島市役所 　　復興計画について説明	南三陸町では、南三陸町志津川中学校仮設団地自治会役員である鈴木豊和氏から、震災時の体験談、その後の復興に関わる課題点をお話し頂いた。特に南三陸町防災庁舎の取り壊し問題については、当時、町を二分する議論となっており、その問題についても指摘があった。 東松島市では、NPO組織「美馬森JAPAN」によるボランティア体験をさせていただき、その後、市役所において東松島市の復興計画について説明を受けた。
3日目	宮城県仙台市 　　東北大学災害科学国際研究所 　　仙台から東北新幹線にて 　　東京駅(午後移動)	東北大学災害科学国際研究所(仙台市)において、平野勝也准教授(情報管理・社会連携部門災害復興実践学分野)と菅原大助助教(災害リスク研究部門低頻度リスク評価研究分野)による特別講座を受講。特に、まちづくりと防潮堤の関わりについては、実際の事例を交えた話を伺うことができた。

図2　東北スタディーの主な訪問先(宮城県)

たちの問題関心から、積極的に参加する姿が見られ、夜に行われたミーティングでは活発な意見交流が見られた。見学1日目には防潮堤問題が中心話題になり、2日目には南三陸町防災庁舎保存問題が大きな論点となった。東北の各地を回ることにより、復興のあり方が住民の間でも意見の対立がある姿を見ることにより、高校生なりの視点で考え、議論する姿がみられた。スタディーツアー終了後、生徒の意見には、復興のあり方が一様でないことを知り、自分たちのもっていた意識が大きく変わったという意見が多くみられた。

3.5 東北スタディーとその後

生徒たちは東京に戻ってきた後、複数回のミーティング・振り返り学習を行い、12月に行われた東京都SSH校ポスター発表会において、成果発表を行った。ポスターは3枚にまとめた。

図3　スタディーツアー参加者が製作した発表用ポスター

1枚目は「概要」。2枚目は「合意形成の問題点」。3枚目は「私たちの考える解決策」。生徒は公共事業の合意形成の難しさと今後の解決策をポスター製作を通じて提案した。

ポスターでは合意形成の課題を、住民の行政への不信感や世代間ギャップ

の問題ととらえ直し、解決策の提案として小中学校の学区単位で「家庭・地域・学校」の三者と行政とが合意形成にむけて信頼を積み上げていくことが必要であると述べた。これは、東北スタディーへ参加した上で、そこで合意形成に悩む市民の姿を見ることを通じ、問題を分析・考察した結果であると言える。

その後、SSH 東京発表会において、ポスター発表を行った。発表は、都内の SSH 校生徒・教職員・教育委員会・大学などの関係者に加え、マスコミ関係者などへ説明も行った。発表した生徒は、メディアの取材に答え「行政と住民の間に信頼関係を構築した上で、科学的なデータを示して防潮堤の必要性を理解してもらうことが大切だと感じた[18]」と述べ、行政と住民との信頼関係の重要性を強調した。これは授業の念頭に考えてきた行政と市民との「協同」型のまちづくりの大切さを認識して、述べた言葉であると思われる。

SSH 発表会を通じた生徒たちの振り返りは、実際に見てきたものをまとめ、自分たちの言葉として発表するという行為を通じ、学習活動そのものが連続的に深化・発展してきたとも言える。換言すれば、このプレゼンテーションは、授業において問いかけた合意形成のあり方について、生徒たちからの解答であると言える。ある参加生徒は、事後の振り返りとして、以下のように述べている[19]。

> 今回、行政と住民間の隔たりと住民内の世代間の隔たりの大きさに愕然とした。そしてこの問題を解決するのは難しいことも分かった。しかし、この問題を解決すれば地震等の非常事態の際、他にも町に問題が起こった際に住民たち自身の利益になる。そこで、重要なのは震災等が起こる前からの行政と住民間また住民同士の連携かと思った。そして、住民もそれらの活動に対して自分たち自身のため、そして未来のためと思い積極的に行動して行くべきだと思った。

ここには、授業と東北スタディーにおける教員の問題意識を見抜いた振り返りが現れる結果となった。学習を通じて、行政と住民の連携の必要性を生徒自身が感じ、防潮堤建設という「公助」の部分だけで無く、住民同士の協力によって実現できる「共助」や住民自身が行う「自助」の問題にも触れる

ものになっており、東北の復興問題を通じて地域の問題解決のあり方を探ることができたと言える。

4. 「話し合い」と参加を促す教科間連携のあり方

　ここでは学大附属にて行われた「リスク社会と防災」＆「東北スタディー」の概要を報告した。このことから以下の点を成果として挙げることができる。

（1）　場面設定の重要さ

　話し合いにも、会話の浅さや内容面の深さがあると考えられる。文部科学省が先頃から提唱している「対話的で主体的で深い学び」という所謂、アクティブラーニングにおいては、「深い学び」が要請されている。単なる活動に終わらないために、話し合いのための場面は重要な意味をもつ。この授業においては、ロールプレイを通した合意形成を体験することにより、話し合い活動が磨かれ、自分の役割の主張と社会が求める合意との間の葛藤を体験させることができた。この葛藤が、学びをさらに深化させていく原動力となり、その後の東北スタディーや進路形成にも繋がっていったと考えることができる。

（2）　科目間連携の必要性

　高等学校の学びは教科中心の学びになりがちで、弊害を直すために導入された「総合的な学習」の時間も盛り上がりに欠けるという現状がある。一方で、大学入試改革のなかで、生徒に求められる学力は単なる科目の点数をとるというだけではとどまならい学力が求められている。この授業では、科目間連携という形ではあるが、科目の特性を生かしつつ、必要な問題解決の形に取り組むことができた。本来、社会問題についてはトランスサイエンス的な解決策が求められる昨今であるからこそ、リスク社会と防災の様な学習はますます求められることになるであろう。

（3） 生徒目線のカリキュラム改革

　最後に指摘したいのが内容面の保障である。昨今、文部科学省が主張する所謂アクティブラーニングは、「主体的で対話的で深い学び」とされており、とりわけ学校現場で懸念されているのは「深い学び」とは如何なるものであるかであろう。深い学びを一言で定義することは難しいものの、教科の学びをバラバラの形で学ぶのでは無く、受講する生徒目線で知識を組み直すことが必要になってくると考えられる。この授業では公民科の教員による問題提起からはじまったが、地学科の教員による地震メカニズムや津波対策の方法などを学ぶ事により、社会問題解決には一面的に取り組むことが容易ではないことを実感させた。その学びは内容的に深くするために、生徒自身の自学の時間を二週間程度とり、自分たちでプレゼン作りや意見表明作りなどを行ってきた。この際には、公民科と地学科の両方の教員が生徒からの相談にのり、資料作成などの指導を行った。このような活動が生徒の学びをより深化させることに寄与している部分は大きい。

5. 教育と「話し合い」能力の育成

　「話し合い」の能力とは単に発話するというレベルのものではなく、問題への向き合い方、見方や考え方の形成まで含めたものであると考えることができる。本授業「リスク社会と防災」においては、見方や考え方を含めた「話し合い」能力の育成が出来たと考えられる。以下にその能力のモデルを

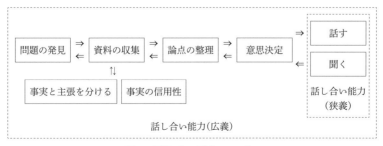

図4　話し合い能力のモデル

示す。

　話し合いとは「話す・聞く」という狭義の話し合い能力を指すのではなく、話し合い能力を意思決定プロセスまで含めると考えるならば、教科間連携の学びは意思決定に至る場面で様々な視点を提供し、学習者自身の問題解決の能力を育成することができたと考えられる。これまで学校教育では「話す・聞く」という能力の育成は国語科を中心に行われてきたが、本来、話し合うという行為は、すべての教科において行うことが求められる。学校における公民科で目指す市民的資質の育成もその観点の中に、公的な問題について「話し合う」ことの出来る市民の育成が求められている。公民科における問題設定には、社会問題の切実性が問われることは言うまでも無い。最近は都市部における保育園の建設問題なども合意形成の難しさを物語っている例であろう。

　参加型学習が学校教育に求められていることは、社会科教育研究者の見解は一致している[20]。参加型学習に「話し合い」活動は含まれるものであるが、しかし、実際の教育現場には浸透していない。この一つの要因に、取り組みやすいモデルの少ないことがある。授業モデルとして教科間連携を提唱するのは、教科間連携を通じて異教科間で、生徒の学びについて情報交換・交流することが促進され、学校全体で生徒の学びを再構築することができると考えるからである。その活動において「話し合い」は重要な位置を占め、学習を通じて市民的な資質の育成ができると考えられる。

注

1　松下佳代（2010）『〈新しい能力〉は教育を変えるか　学力・リテラシー・コンピテンシー』ミネルヴァ書房

2　文部科学省は次期学習指導要領に際して、「対話的な学び」を一つの柱に据えた教育課程改訂を検討している。

3　佐藤喜久雄・田中美也子・尾崎敏明共著（1994）『中学・高校教師のための教室ディベート入門』創拓社、p.16

4 中沢美依(1996)『教育的ディベート授業入門』明治図書、pp.187–195

5 中沢美依(1996)『教育的ディベート授業入門』明治図書、pp.19–20 から作成

6 法務省 WEB サイトより

7 野村美明(2014)「交渉と法教育：自立型市民の養成(追悼記念号)」『帝塚山法学』26 号、pp.1–15 や野村美明・江口勇治編(2015)『交渉教育の未来　良い話し合いを創る子どもが変わる』商事法務などがある。

8 小貫篤(2015)「交渉教育における教材開発の視点と手順」野村美明・江口勇治編『交渉教育の未来―良い話し合いを創る子供が変わる』商事法務、p.38

9 藤井聡(2004)「社会資本整備と合意形成論」土木学会誌編集委員会編『合意形成論』丸善、p.1

10 藤井聡・唐木清志編(2015)『実践シティズンシップ教育　防災まちづくり　くにづくり学習』悠光堂

11 加納隆徳、森棟隆一(2013)「高等学校における法教育を充実させる教科間連携」法と教育学会『法と教育』商事法務、3 巻、pp.35–44

12 教育工学委員会(2013)「一つのテーマを複数の視点で考えさせる授業の試み〜教科の枠を超えた授業実践」東京学芸大学附属高等学校、50 号、pp.93–96

13 森傑(2015)「集団移転・復興まちづくりの合意形成とファシリテーション(特集　東日本大震災から 4 年　自治体にとっての視座)」、月刊『ガバナンス』(2015 年 3 月号)、pp.31–33

14 朝日新聞　2015 年 02 月 25 日(朝刊)29 面　岩手県内版「県、防潮堤を整備へ　かさ上げより「合理的」　民意割れる宮古・藤の川地区／岩手県」など。朝日新聞の検索でも、防潮堤に関わる地域住民の話題については多くの記事が見られる。

15 加納隆徳・齋藤洋輔(2014)「リスク社会と防災：政府は市民の命を守るために合意形成できるのか」東京学芸大学附属高等学校『研究紀要』51 号、p.38

16 前掲、加納隆徳・齋藤洋輔(2014)p.43

17 社会科教育におけるロールプレイの重要性については、井門正美の「役割体験学習論」が詳しい。

18 高校生新聞 WEB 版　http://www.koukouseishinbun.jp/2015/02/29557.html（同内容の記事は高校生新聞(第 223 号)にも掲載されている。）

19 2014 年度東京都 SSH 発表会ポスター資料より

20 井門正美(2011)『役割体験学習論に基づく法教育』現代人文社や唐木清志(2008)『子どもの社会参加と社会科教育　日本型サービスラーニングの構想』東洋館出版社など多くの本で、参加型の学習や社会参加を社会科教育に入れようと求める声は多い。

第8章

自治体審議会は市民と自治体の 「話し合いの場」となるか

―実りある「話し合いの場」の デザインをめぐって

土山希美枝

私と話し合いとのかかわり

　私は、オタクでヒキコ属性をもっていて、ひとづきあいは苦手です。体内タイマーがあって、親しいひとたちと懇親会や宴会にいても、一定時間が経つと突然一人になりたくなります。数日誰とも会話しないと心の安寧が得られます。そんな私が「話し合い」の重要性や手法を考えるのは、美しくいうと、両義的な意味があり、ひとつには苦手だからこそなのと、もうひとつには話し合いの可能性を信じているからです。

　ひとは、少なくとも私は、24時間市民的規範を守って生きていけません。しかし、自分ではないひとびとと共有すべき、共有したい課題があること、そしてそのときには、尊重すべき規範、とるべき方途があると感じています。異質な個人の集団である社会で、ひとびとをつなぐものは課題であり、そこに「公共」がうまれるのでしょう。そして、公共課題を共有する媒体はさまざまな話し合いの場で、そこには、オタクでヒキコでも、価値を感じ、信じています。難しく悩ましく口惜しいことも多いですが、話し合いはヨロコビを内包しています。

要旨

　自治体の審議会は形骸化しやすく、「隠れ蓑」の特性も認められる。確かに、人的構成、アジェンダ設定、期間と回数、実質的な話し合いの時間という「話し合い」の質を左右するあらゆる項目は、設置者側である行政の任意による部分が大きく、故意に設計すれば形骸化は容易である。通過儀礼化した審議会は、政策課題にたいする意見聴取と政策の改善の機会を損失させるという視点から大いに批判されるべきだ。一方、行政が形骸化を企図していなくても、「話し合いの場」のデザインの不作為だけでも、審議会を「話し合わない場」にしてしまう。自治体でもっとも一般的な市民参加による政策の向上の機会である審議会の形骸化を防ぐ、期間、委員の構成と座長の采配、発話の可視化と共有の必要性を、具体的手法とともに検討した。

1. 市民と自治体との「話し合い」

1.1 政府としての自治体、政策主体としての市民

　こんにち、わたしたちは、〈政策・制度のネットワーク〉があってはじめて日常のくらしが成り立つ、「都市型社会」（松下 1991: 3–6）に生きている。多様な価値観、利害、文化をもつ異質な個人として存在するわたしたちは、意識しているかしていないかは別として、異質つまりバラバラでありながら、〈政策・制度〉つまり公共政策を共有している。このとき、社会とは、公共政策を共有するバラバラな個人の集合体とみることができる。

　公共政策の主体は多様であり、それは市民社会セクター、市場セクター、政府セクターに 3 分することができる（土山 2018: 93–95）、それぞれがみずからの課題にたいして目標ないし目的を設定し、それにたどりつくための手段を講じる。この目的と手段の組み合わせが〈政策・制度〉となる。

　このとき、政府の役割は、「その領域の市民にとって必要不可欠な〈政策・制度〉を整備する」ことにほかならない。そのために、市民から権限・財源といった政策資源を信託され、その資源を〈政策・制度〉の整備に配分する。このように整理すると、近代化のなかで政策主体としての位置を独占してきた国政府だけでなく、自治体も、また国際機構も、対象となる「市民の範囲」や機構間の領域や権限は異なるとしても、「必要不可欠な〈政策・制度〉を整備する」という同質の機能を果たすための機構であることがわかる。地球温暖化問題を例に想像すれば、国際機構や多国間枠組、国政府、自治体のそれぞれのとりくみが不可欠であり、たがいに影響を与えていることがわかるだろう。政府は 3 層化し、その間には政策主体間関係が存在するのである。

　また、政府がおこなうことができる〈政策・制度〉はその市民に「必要不可欠」な、ミニマムの範囲にとどまる。「必要不可欠」以上の事業は「税金のムダヅカイ」であり、「必要不可欠」以上の立法などによる規制は「権力の濫用」だからである。「必要不可欠」だからこそ、市民はその資源を負担し、その規制により自由が拘束されることを受容する[1]。そうでなければ反

対や抵抗、政府への信託の解除にいたる。

　都市型社会における〈政策・制度〉の特徴は、その主体の多様化である。本章では詳細に記述する紙幅はないが、とくに市民社会セクターの政策主体である市民の政策主体としての活動は、そのとりくみの蓄積、能力の高度化とその発揮、社会による認知、動員できる資源の拡大によってますます重要視されている。

　市民は、こんにち、公共政策の主体として三つの側面をもつ。一つは社会のメンバーとしての面、ついで〈政策・制度〉のユーザーとしての面、そして政府のオーナーとしての面である（土山 2018: 96）。

　〈政策・制度〉には「あらかじめわかっている正解」はない。正解はないが、課題に対応するためには〈政策・制度〉を整備する必要があるし、そのために何を目標としてどの手段を用いるのか、つまり政策の内容を決めなければならない。正解がないが決断しなければいけない、さらにその利害関係者がひろく存在するということになる。このとき「話し合い」という過程が、関係者が「納得」する「答え」にたどりつくためにも、その「答え」の正統性を手続きとして担保するためにも、必要になる。

　自治体の〈政策・制度〉が、市民にとって必要不可欠なくらしの基盤整備つまりシビル・ミニマム（松下 1991: 32–35）である以上、市民は、自治体のオーナーとして、自治体政策のユーザーとして、またその自治体が存在する社会を構成するメンバーとして、自治体〈政策・制度〉の関係者である。市民が〈政策・制度〉を間接また直接に制御する方法が重要視され、自治体政策への市民参加・情報公開としてとりくまれてきたのは、このためである。

1.2　自治体の政府化と参加・情報公開

　このような政府としての自治体の姿や、自治体が整備する〈政策・制度〉にたいする市民参加は、遠い過去からあったものではなく、日本においては1960 年代の高度成長期以降のものであるといってよい。「法の執行」のための国の下部機関とみなされてきた自治体は、高度成長期の社会変動によって、「地域の課題に〈政策・制度〉によって対応する」ことが期待される政

策主体となった（土山 2007: 2 章）。

　高度成長期に激発した「都市問題」は、「ときに国政府の経済成長優先政策と対峙しながら、地域の課題にとりくむ政策主体」としての自治体の姿を、多様な先駆政策を展開した革新自治体の群生によってうかび上がらせた。当初は「革新」的であった、市民生活を「最優先」とし、「自治・分権」をになう「自治体」として参加・情報公開をすすめるという政治・政策スタイルの転換は、やがて理念として普遍性のあるものとなった（土山 2007: 5 章）。

　市民参加は、市民の意見により自治体の〈政策・制度〉を制御する方策であるが、その「意見」は、多様な価値観や利害があるのだから、当然、多様に存在する。したがって、特定の個人や任意の個人の意見から行政に都合の良いものを選択するのは問題であり、〈政策・制度〉を制御するにふさわしい「市民の」意見でなくてはならない。そのため、多様な意見を出し合ってこれを集約する「話し合い」の「場」が必要であり、そこで正確かつ十分な情報を基盤として生成された「意見」であることが必要になる。だが、生成された「意見」という結果だけでは「正確かつ十分な情報を基盤」とする「市民の」意見といえるのかどうかはわからない。そのため、議論の形式や過程も重要である。意見そのもの、その過程、議論の形式のうち、前 2 点を評価するのは難しい。そこで形式だけで「市民の意見」であることを担保しようとすると、形式主義になりうる。

　自治体で、そうした「市民の多様な意見を集約する」機構として常設され、正統性ある「自治体の意思」を確定させる機構が議会である。そのため、議会の声を聞けば市民の参加はいらないという主張もかつては根強いものだった。たとえば 1963 年に当選した飛鳥田横浜市長が提案した「1 万人市民集会」は、市議会に 3 回提案し 3 回とも否決された（飛鳥田 1987）。

　だが、自治体の政策形成過程に市民の声を生かす市民参加は、高度成長期以来、主に自治体行政の取り組みとして拡充してきた。

　市民から自治体の意思を特定し決定する権限を議会に付与されていても、特定の政策課題についてすべての市民意見を議会が把握しているわけではな

い。また、多くの政策は、議会で審議される前に行政で形成される。その政策形成過程に市民意見を反映することは当然に必要となる。もちろん、議会も、正統化や追認の装置としてだけでなく、「市民の多様な意見を話し合いで集約する」という「実質」ある機構として機能するためには、市民の「多様な意見」をくみとり、生かす必要がある。さらに、議会、行政をとわず、政策形成後の実施、評価の段階でも、市民参加は政策の多面的な検証のためにも不可欠である。

しかし、自治体政策過程への市民参加は、つねに形骸化が疑われ、政策決定を正統化するアリバイとして使われることもある。市民参加は、自治体〈政策・制度〉を制御しているのか。

1.3 市民と自治体との「話し合い」をめぐる問題の所在

自治体政策は、議会は意思決定、行政は事務執行により直接制御され、議会と行政が互いに相手の機能に関与することによる間接制御、そして市民の参加によって制御される設計になっている（図1）。市民参加という理念は、こんにちの自治体では普遍性をもって受け入れられているとみえるが、では

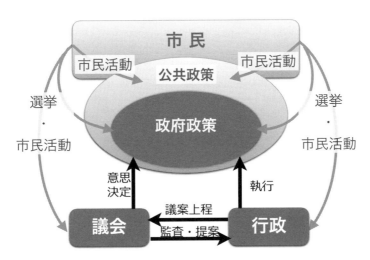

図1 市民、議会、行政による政府政策の制御

実際に市民が自治体の〈政策・制度〉をどう制御しているのか。その実態と問題点の考察には、二つの機構の代表的な「市民と自治体との話し合いの場」が役に立つだろう。

　一つは、行政と市民の「話し合いの場」としての自治体審議会である。審議会への市民参加は、行政の政策過程にたいする参加の手法としておそらくもっとも一般的な手法であり、一方で、形骸化や「隠れ蓑」（森田 2006: 10）としてのアリバイ参加が指摘されやすい手法である。

　もう一つは、議会にたいする市民参加手法としての「議会報告会」である。2000 年代なかばからひろがる「議会改革」の潮流のなかで、議会基本条例の策定とともに、市民と議会が直接向かい合う場として「議会報告会」が着目され、ひろがっている。しかし、その実践では、意義や効果が疑われる「心が折れる議会報告会」も少なくなく、せっかくの機会も縮小されるのではないかという懸念がある（土山 2017: 241–251）。

　審議会と議会報告会は、市民を代表する機構である執行機関と議決機関が設置する話し合いの場として、比較的よく用いられる。市民と自治体の「話し合いの場」は、市民による〈政策・制度〉の場として成立しているのか。成立していないとすればそれはなぜで、成立させるためにどんな条件が必要なのかを現状に即して考えるには好例であるといえる。

　ただし、本章では、紙幅の関係もあり、議会と市民の話し合いの場については問題提起にとどめ、自治体行政と市民との話し合いの場である審議会に焦点をあてたい。ほとんどの自治体でおこなわれ、かつその形式性がある意味「常識」となっているからである。

　審議会の実態や形式、座長・委員・事務局それぞれの特徴や関係性、議論や運営の手法また特性については、すでに、実践に基づいた労作を森田朗が『会議の政治学』(I/II/III、2006/2014/2017) としてあらわしている。主として国の審議会を前提としているが、自治体審議会についても十分にあてはまるところがある。ただ、本章では、自治体審議会のなかでも、とくに「公募ないし特定の団体を代表して招聘されているわけではない市民」の参加を得て、市民参加による議論を期待して設置されているはずの審議会のありかた

を検討してみたい[2]。自治体政策形成過程でおこなわれる一般的な参加の形態であるだけでなく、形骸化させる意図がなくても形式化してしまう可能性のある方式だからである。

　なお、筆者は、自治体基本条例[3]をはじめとした、「市民の熟議で条例案をつくる」いくつかの審議会と、政令市における市民参加の拡充を目的とした審議会に参加した経験をもつ[4]。そうした経験をふまえながら、自治体政策過程にたいする市民と自治体との「話し合い」について、実態に即して考察してみたい。

2.　形骸化する審議会

2.1　自治体行政と市民の「話し合いの場」としての審議会

　自治体が設置する審議会は、多様な主体の意見を〈政策・制度〉の形成にさいして生かそうというときに用いられる一般的な形態である。そこに公募ないし選任の市民が参加することも多く、自治体基本条例、市民参加条例などを制定している場合には、原則として執行機関が設置するすべての審議会に公募市民を入れる規定をもりこむこともある。

　自治体審議会は多様な形態があり、設置のされ方についても、執行機関の附属機関として設置するもの、市長の諮問機関として委任するものなどがある。設置根拠としては、条例によるものも、行政の内部ルールである要綱等による設置もある。名称も多様で、審議会という名称が一般的だが、○○委員会、○○市民会議などもある。時期や位置づけも、次節で検討するような検討内容が多岐にわたる委員会は複数年にまたがるものもあり、一般的な総合計画など行政機構内部の検討組織と同時並行で走るもの、特定課題の検証や行政案の検討など比較的短い期間で集中的に行われるものもある。行政の活動を継続的に評価する常設の審議会もある。本章では特記のない限り、「自治体行政機構の政策形成過程で外部の主体を招聘し、諮問された内容について話し合った結果を政策に反映させるために設置される組織」を審議会とよぶこととする。

自治体審議会では、公募ないしは選任により「市民」が参加することがよくある。ただ、「市民」になにを期待するのか、なにをもって「市民」というのかをめぐっては十分に確認も意識もされていない場合が少なくない。たとえば、しばしば、それは「市民感覚」をいかすのだという言いかたで説明される。しかしそれでは、そこに「市民」として参加する特定の個人が、「市民感覚」をもっているということになる。しかし、「市民感覚」とはなにかということは、「民意とはなにか」ということと同様に、容易に特定できるわけではない。つまり、その個人の「市民」感覚が平均的な、標準的な感覚であるということを前提にしているが、市民感覚とはなにかということも、したがってその平均や標準も明らかではなく、その前提は成立しない。この前提は、公募市民にとって自分が「標準的市民の代表者とみなされ、その感覚による発言を期待される」という困惑につながることになる。そもそも、職員であれ、ガクシキといわれる専門家であれ、その職を離れるとひとりの市民である。

　そうすると、公募ないし選任の市民の参加をえるということは、職員、専門家としての立場ではない、政府のオーナーないし政策制度のユーザーのひとりの立場から、その課題に関心のある、その個人じしんの経験や知見を基盤に「話し合い」に参加し、思うところを述べるということになる。もちろん、専門家や職員が市民としての視角や立場を捨てたりかえりみなかったりするべきということではない。都市型社会にいきる私たちは、だれもがその社会を共有する市民であり、その視角を自分のなかに持てるはずだ。むしろ、それは「市民性」として議論の基盤におかれることが期待される。

　だが、このように整理できても、すでに指摘したように、審議会は形骸化や形式化がしばしば批判される。それはひるがえれば、市民を含む多様な主体が参加する、政策形成としての「話し合いの場」として機能していないということである。それはなぜか。

2.2　審議会はなぜ形骸化するのか

　審議会はなぜ形骸化するのか。それは、審議会を設置する機会と期間、人

選、内容について、設置者である行政の任意による部分が大きく、作為の余地を持つからである。また、背景には、行政が「予想される正解」をあらかじめ用意していて、その可変幅が少ないという「文化」も指摘できる。

　森田朗が指摘するように、審議会には本来的に「客観性を装って役所の考え方をオーソライズする「隠れ蓑」としての性質」（森田 2006: 10）があるといってよい。森田はそのような性質について、行政機構の、みずからの政策を権威ある第三者によって正当化したいという「隠れ蓑」そのままの理由と、行政機構として実現不可能な答申を出されては困るという理由の2点を指摘している。審議会は、行政による政策過程の一部であって、その政策過程を遡るような設置や進行は通常されない。

　審議会の議論を左右するのは、まず①その対象、テーマ、議論の範囲という「アジェンダ」の設定である。その自由度がやや大きい審議会はそれだけ市民参加の濃度や期間の余裕が必要になるし、目的が明確でなければ設置の必要性そのものが問われる。議論の内容という核心をつくるのは②審議会を構成する「人」つまり委員であり、なかでも座長の審議会運営は重要な要素である。しかし、議論を深めることができるかという点では、③「期間」という時間の制約が左右するところが大きい。①②③いずれも、行政側の任意で設定されうるのが審議会だ。さらに、アジェンダをめぐる④情報整理も、行政に由来する部分が大きい。そのうえに、委員の知見、経験が意見として重ねられるのが一般的だ。

　物理的な期間という条件をみてみよう。たとえば、x年度からスタートする総合計画の策定を市民参加で進めようとする。総合計画は多くの自治体で10年、うち5年ごとで前期・後期に分かれている。期の後半、たとえば計画期間終了年度の2年前、$x-2$年に行政内でスタートしても、今期の進捗は概ね半ばである。実際に今期の検証、次期の課題抽出ができてくるのは$x-2$年度の終わりころだとする。そこから年度の切り替えというブランクを挟んで、内部調整を「十分に」おこなって審議会に提供できる原案ができるようスケジュールを組むと、審議会をスタートさせるのは$x-1$夏前。答申を得て成案を作り、議会に情報提供し、確実に$x-1$年度が終わる前に次期

計画がまとまるようにと考えると、秋には審議会が提言をまとめるようにし $x-1$ 年内に議会に諮りたい。そうすると、審議会は、集中して審議をするときは月2回のペースでおこなっても、6〜8回。初回は顔合わせ、最後の2回は提言案をまとめて確認するとすれば、実際の議論は3〜5回である。そうした審議会の開催時間は概ね 1.5〜2.5 時間、10人委員がいて、行政から提供される資料説明が30分だったとしても、その時点で発話にさける時間は一人あたり6〜9分である。提供資料が多ければもちろんさらに発言時間は限られる。総合計画の検討対象は幅広く、資料の量も多い。運営方法や回数を検討しないと、行政提供資料に個人個人が感想をいうだけで終わってしまいうることも想像できるだろう。

　審議会は時間と回数が限られており、十分に計画されていなければ、職員の異動リスクがある時期をこえてから、人選や設置手続きが進められて立ち上がり、年度が終わる前に、審議会の答申とその答申にたいする行政としての意思決定と、必要な場合には議会への上程と議決、もちろん来年度の実施に向けた予算要求といった手続きを終了する必要がある。そうすると、審議会をおく時期は前述のように早めでも夏前、しまう時期は秋の終わりか状況が許しても年明けということになる。どれだけ前倒しして議論の回数を確保するかは行政側の事情や戦略に左右される。

　もちろん、②人選や①アジェンダとして設定される議案についても、行政の任意が強く働く。選任はもちろんだが公募をしても「だれを選ぶか」は行政による。また、上記のようなスケジュールの事情もあり、十分な周知ができる募集期間がないことも多く、公募への応募そのものも数少ないことが実情である。そうすると、そうした参加以降の高い特定の常連や行政にとって身近で応募を依頼できる市民にまとまりうる。

　④情報整理については、議論の資料を行政が用意することが一般的だ。資料を丁寧に説明すれば、説明だけで審議時間の半分を超えることも難しくない。その資料がすでに「事務局案」であることもある。時間や回数が限られていることと、用意される資料が成案に近いものであれば、たとえ行政側としては参考として出したつもりの案であっても、具体的なモノを前提に検討

が進むのは自然な流れである。そこから先は、主として、行政側原案をめぐる、事務局と委員、ないし委員長と委員との質疑応答になりやすく、メンバー間での自由な意見交換はなかなかできない。議論が行政側原案を基盤に進むと、政策課題に主体的な課題意識をもちにくくなるおそれがあり、現状の問題をうきぼりにする委員由来の情報は乏しくなりがちになると、課題にたいする共感や「われわれの議論によって対応の方向性が決まる」責任感を伴う、審議会への自発的な参加意識も乏しくなる。そうすると、参加者間のラポール構築(村田 2013: 59-61)の成立も難しくなる。

こうした行政主導の審議会が「市民参加」として増えていくと、自由な議論による話し合いの場は、意見集約に時間と労力のかかる「非効率な参加」の場となり、その自由度そのものが混沌とした秩序のない場という印象を与え、委員も「行政側原案」に期待することになる。そうすると、特定の審議会だけでなく、自治体の審議会自体が当初からそうした場として設計されることになる。審議会の「隠れ蓑」化である。それが「市民参加」の標準になれば、市民参加そのものも形骸化しかねない。

2.3 「話し合いの場」として意義のある審議会の模索

ただし、審議会がすべて意味のない「隠れ蓑」になるのかといえば、そうとはいえない。「話し合いの場」として機能しないということは、審議会での議論が、行政の政策になんら影響しない、つまり政策案が審議会という過程の前後でなんら変わらないということとしよう。このとき、変化とは、行政の原案をどれだけ変えたということだけではなく、審議会での議論が政策の目的、価値、手法を高度化するという「進化」を含むこととする。

行政側が意識的に審議会を「隠れ蓑」にしようとしたとき、それをこえることは簡単ではない。ここまで指摘したように、審議会の結論を導く要素はほとんど行政の任意によって設定できるからである。一方で、しかし、行政が審議会に、反対意見を含めた多様な委員の参加によって、政策案をより深く検討し、よりよいものとするための議論、示唆、提案を求めておらず、「隠れ蓑」にしたい場合が多いのかというと、筆者の知る範囲ではそうでも

ない。政策の検討のために多くの意見をもらいたいという審議会もあるし、自治体基本条例や総合計画についての議論など、相当の期間と回数を用いて、自由度の高い議論と結論の幅がある諮問もある。むしろありがちなのは、「隠れ蓑」にしたいと企図しているわけではないのに、手法や運営がそうなっている場合である。

　つまり、「隠れ蓑」度が低い審議会でも、人選、期間、内容の設定に「話し合い」のためのデザインが織り込まれなければ、結局、行政案を承認するだけの審議会で終わることになる。「話し合い」のデザインがあれば、行政にも委員にも、実りある「話し合い」になりうるのに、いかされていない。だが、そうした形骸化をこえて、審議会が政策過程にたいする市民によるアクセスの場として、〈政策・制御〉にたいする市民制御の機会として有効なものとするとりくみも存在する。

　市民参加推進条例や自治体基本条例の存在が示すように、政策過程への多様な段階への市民参加は、理念としては肯定され、規範としても機能しているようにみえる。必要なのは、その理念や規範を実体化する手法、運営とその戦略、つまり「話し合いの場」のデザインである。

　審議会などの議論を方向づける「行政の任意」という引力、とくに、現状、おそらく構造として参加を形骸化させてしまう可能性のある機会と期間また内容の任意性をこえていくには、その引力への問題喚起と、その任意性を軽減する手法の模索が必要であろう。

　そうした模索として、さまざまな「話し合い」手法の実践を指摘することはできる。ワークショップ形式はすでに行政が用意する市民との「話し合いの場」の手法として広く実施されているし、ワールドカフェ、ミニ・パブリックやプラーヌンクス・ツェレといった無作為抽出の市民会議、審議会ではないが討論型世論調査、地域円卓会議などさまざまな模索を、「熟議」という価値の称揚と合わせて指摘することができる。

　ただ、行政が設置する「市民との話し合いの場」として、さまざまな模索や手法の開発は今後も進めていくにせよ、審議会という形態は相当のあいだはなくならないように思われる。特定の課題にたいし、その対策としての

〈政策・制度〉を構想し、その執行をになう部局が多面から意見を受ける審議会は、自治体行政にとってスタンダードな「話し合いの場」だということができよう。

政策過程をめぐる市民と自治体の「話し合いの場」を重要視する目線は高まっているが、その常套手段である審議会と「話し合いの場」として機能させるにはなにが必要なのだろうか。

3. 「話し合い」のための審議会の設計

3.1 審議会を「話し合いの場」として機能させるには

現在の審議会スタイルの「話し合い」の場の形骸化を抑制することができるために必要なものを検討してみよう。

筆者は、前述のように比較的長期の検討テーマのある審議会、常設の審議会、逆に期間の短い設計の審議会に参加し、一部の審議会では「話し合い」の場の設計にもかかわった。かぎりある経験ではあるが、審議会という場の形骸化を防ぐ方策についていくつか考察してみたい。

必要なのは、審議会が機会・期間の制約のなかで、検討する課題を主体的に議論する「場」となるためのデザインといえる。審議会のデザインがめざす姿を、「参加者の主体性と自発性に基づく発話による意見交換とその集約」とおいてみよう。それが可能になるかどうかは、二つの前提条件と、めざす姿を実現するための四つの方向性による。二つの前提条件とは、I 議論する期間と回数、II 審議内容の結論の自由度である。四つの方向性とは、①発話の障壁を下げること、②審議会の設置目的である政策課題を共有し「自分たちでよい結論を出す」という共通目標を立てること、③課題をめぐる根拠ある情報を共有し情報量の格差を補完すること、④発話を可視化することである。では、以降、これらについて検討してみたい。

3.2 審議会を「話し合いの場」として機能させる前提条件

審議会が「話し合いの場」として形骸化しない前提条件は、I 議論する期

間と回数、II 審議内容の結論の自由度である。これらの条件は、おおむね審議会が発足したときには規定されていて、変更するには理由や議論や労力が必要になる。

　自治体基本条例のような自治体の枠組みや規範にかかわるものについて検討する審議会については、I、II についても一定の可変性を組み込んでいる場合があるが、そうでなければ、I 議論する期間と回数については、年度末、審議結果に予算や議会の承認などそのあとの手続きがあるものであればさらに早く結論を求められることになる。II 審議内容の結論の自由度については、個別の事例によってさまざまである。

　自治体行政が設置する審議会は、基本的に、審議内容が明確である。審議会は、政策過程でいえば行政内部での政策形成の終盤、議会に上程し決定にいたる直前の段階であり、「審議会を置く」ことが決まり実現するまでに、行政内部で課題の特定がなされ、それをめぐる議論が一定存在している。そのため「一定」は、議論する内容、議論してほしい方向が行政内部の認識としてあることは不自然なことではない。また、通常、その政策を進めたくないときにはそもそも審議会をおかない。ただ、その「一定」がどの水準なのか、審議会の「参加者の主体性と自発性に基づく発話による意見交換とその集約」という機能がもつ価値をどのように認識しているかによって、II 審議内容の結論の自由度は異なってくる。

　審議会が、行政によって〈政策・制度〉を実現するための手続きの１ステップだと位置づけられ、自由闊達な議論によって行政の実現したいことを阻害するような結論を出されては困るという認識であれば、その審議会はまさに形だけの骸となってしまう。

　これらの前提条件は変えにくいが、変えられるとすれば、I 議論する期間と回数については、審議会の早期に、議論の論点とそれを議論する時期について大まかなスケジュールを明確にし、一定数の予備日を確保した日程調整をはかることが、まずできることである。早ければ早いほど調整しやすいと考えてよい。とくに、議論のとりまとめがみえてくる時期には予備日があったほうがよい。

条例の策定がゴールにある審議会では、審議会での議論が答申、提言書などになったあとに、行政内部での原案をめぐる調整、パブリックコメント、議会への情報提供と上程などの過程があり、年度末よりかなり早期に議論を集約することを求められることがある。これをこえるため、筆者のかかわった例では、委員会が主体となってパブリックコメントをおこなうこととし、パブリックコメント案をまとめ、パブリックコメントとその回答、それをふまえた案の改訂をおこなうあいだに行政内部での調整も進めてもらうことで、実質的な議論の期間を確保した[5]。審議会段階のパブリックコメントには、公募意見の適切な反映、応答性の高まりという利点もある。結論としての答申を固めたあとではないので、パブリックコメントで示された既出未出の論点について審議会で原案の変更を選択肢としてもちながら検討し、結果として対話性のある回答ができることになる。ただし、この手段が可能になるためには、事務局または首長の理解が必要になる。

　前提条件Ⅰ、Ⅱの拘束力は強いが、後述する四つの方向性を深めることで審議会の主体性が強まれば、回数の増加や期間の延長について、また、結論の自由度について、一定の交渉が可能になるといえる。それを支えるものが四つの方向性と考える。

3.3　審議会を「話し合いの場」として機能させる方向性

　では、審議会を「話し合いの場」として実りあるものにするための四つの方向性①発話の障壁を下げること、②政策課題を共有し「自分たちでよい結論を出す」という共通目標を立てること、③情報を公共し情報量の格差を補完すること、④発話を可視化すること、について検討してみよう。

3.3.1　発話の障壁を下げる

　まず、①発話の障壁を下げることについて。審議会はしばしば自由な発話が出にくい雰囲気に満たされる。それにはいくつか要因があるが、参加者からみれば、そのしつらえの硬さである。たとえば、公募市民の目線に立ってみよう。専門性の高そうな委員や場慣れしている地域の役員、迫力のあ

る座長と後ろにスーツを着て控えた職員。発話に抵抗感をもつのはある意味自然である。

　発話の抵抗感について。参加する立場に関係なく[6]、自分の発話が「空気を読まない発言」、「わかってない発言」と否定的に受けとられることを恐れる抵抗感は多くの人間にあるといえる。それを緩和しなくては、多様な意見を求められているはずの場で、異端となることを避け口を閉じてしまうことにもなりうる。この抵抗感は、政策をめぐる議論は本来「正解」のないものなのに、「正解」の存在を前提にして考察しがちで、かつ同調圧力の強いわたしたちの社会では大きいのではないだろうか。

　そうした心理的な抵抗感は、会場のしつらえによって強調されうる。大きなロの字型をえがくような机の配置、立派な椅子と隣と間隔の開いた配席。こうした物理的距離は「話し合いの場」にたいする参加者の心理的な距離感につながる。また、演説口調になりがちで気軽な発話のしにくいマイク利用は、発話に緊張感を与える。もちろん、使われることばには行政用語や専門用語が多い。「公募市民」の位置付けや役割が不明確であれば、そうした市民にはなおさら、これらの要素は発話の障壁となってしまう。

　次項②にもかかわるが、委員間に相互の関係性がなく、その「場」にどういう姿勢で臨んでいるかわからないことも、発話にたいする障壁を高める。

　障壁の高さについて検討してきたが、ではその障壁はどう低くすることができるのだろうか。発話の障壁を下げるということでは、ワークショップ形式では「アイスブレイク」の重要性が指摘され、その方法も多様に考案されている。審議会ではそうした形式がとれるとは限らないが、アイスブレイク的な効果を意識した運営はできる。まず内発的な発話をうながし、審議会としてうけとめる場面を多くつくる。たとえば、小さなことだが、審議会の立ち上げ場面では、自己紹介を丁寧におこない、審議の対象となることがらにどんな印象や課題意識を持っているか、なぜ審議会の委員となったか、その場にたいする期待を語る時間を用意する。

　行政である事務局側の準備が周到すぎると、その先の結論となるであろうものが透けてみえることがある。故意でなくとも、それが既定路線や期待す

る方向性と感じられれば、発話は停滞する。そこで、たとえば、毎回、論点について、事務局の説明を最初に貫徹させず、審議内容の「事実（ファクト）」の部分を整理し、なにを語るか論点そのものについて検討し、意見を出せるようにする。

　毎回の審議会には議題が存在するが、議題が示されるとその議題に直接関わる内容のみを発話し、「効率的」に結論にいたることが暗黙の規範となりがちである。しかし、おおもとのテーマである政策課題をめぐる根源的で単純な疑問やたがいの問題意識の共有、豊かな情報の共有には、議題の「円滑な進行」にとらわれない自由な意見交換が効果的である。しかし、それは往々に「進まない会議」と評価されることもある。これをこえるには、後掲③とかかわるが、公式の審議会ではない場面で、自由な意見交換をおこなう自由参加の「勉強会」などを開催しても良いだろう。自由な意見を出す時間を用意して、その場で意見が出しやすいよう、発話の呼び水となる問いかけ（論点）を工夫し、そこで出される意見をまず会としてうけとめ、発話を肯定する雰囲気と認識を醸成すること。その場合、座長や事務局がそうした方向性を前提に審議会を運営することはきわめて重要である。

3.3.2　政策課題を共有する

　②政策課題を共有して「自分たちでよい結論を出す」という共通目標を立てることについて。①ともかかわるが、端的にいえば、審議会のチーム性を高めることであり、参加者にとって「招かれた場」を「自分たちの場」にするということである。そのためには、審議会の目的、審議する対象である政策課題についての「議論する価値」を共有すること、それについて「議論によって結論を出す」ことが審議会とそれを構成する委員の共通の目的であることを明示し、委員の参加にたいする主体性を惹起することが必要だが、それはことばとそれを裏づける運営、委員の発話のつみ重ねによることになる。委員という個人の集合がチームとして連帯するには、政策課題をかすがいとして共有すること、審議会という「場」の目的とその達成のための方針を、自分と他のメンバーの共通目標として可視化し設定することが必要なの

である。初回、ないしはどこか一回の審議会ですむことではなく、折々に宣明し確認することが効果的といえる。

　自治体政策は市民のくらしとの距離が近く、その意味では「みんなの」具体性ある公共財でもある。「みんなで一緒につくった答えだと思える」（中野・堀 2009: 23）ゴールをめざすなら、何について「答え」を出すのか、それが「みんなで」しようとしている作業だということの「差し金あわせ」が必要なのである。

3.3.3　情報を共有し情報量の格差を補完する

　根拠ある正確な情報の共有は重要である。ただし、全員が同じ質量の情報をもって話し合いの場にのぞむことは無理である。だからこそ、課題をめぐる情報は課題と同様に多面性があり、委員がそれぞれの視角からもちよる情報の多様性によって課題を立体的に把握することが期待される。もちろん、審議会で委員全員に示される情報が不要なわけではなく、良質な情報が十分に提供されることは不可欠である。ただ、その範囲は、物理的にも限界がある。政策課題の基盤にある事実関係や既存の状況については、委員相互の情報確差が大きく、事前に特定の委員にそうした情報の提供を事務局がおこなう場合がある。市民に限定した教育や啓発の機会、また議論の方向の下調整の機会とするべきではないが、政策課題の概要や経緯、制度をふくむ事実関係や状況の説明といった情報の提供とがあってもよいだろう。

　そうした「提供」だけでなく委員じしんが情報の収集に主体的になることが期待されるが、審議会全体の情報共有を底上げするために効果的なのは、単純な質問も含め自由度の高い情報共有と意見交換ができる機会を用意することだろう。公式には参考人などを招いた意見交換の機会、また①で「勉強会」としたような、正規の機会ではない集まりを設定することでありえよう。

　3.3.1 でもふれたように、設定された議題はその回の目的を明確にする一方、その議題に直結しない発話を抑制しうる。正規の会合では設定された議題をこなして決着をつけねばならず、時間は限られ「効果的で円滑な議事の

進行」が求められる。議題をおかない自由な場としての設定も、数回のうち一度なら可能かもしれないが、税金で、公務として運営する場合にはなかなか難しく、委員にとっても目的＝議題のない会合は参集の動機を減らす可能性もある。委員間の情報共有や相互理解という審議会全体の「話し合い」パフォーマンスを向上させるには、しかし、議題という拘束のない話し合いの場は重要といえる。

　「話し合う」チームの形成について懇親会など「飲みニュケーション」を重視する指摘があるが、それはこのような「自由度の高い情報共有と意見交換ができる正規ではない集まりの機会」と同質の要素があるからだろう。とくに懇親会では互いの「自分語り」によって、相手の発話について文脈や背景を理解し共感する助けとなる情報を共有し、楽しい時間をともに過ごすことでチームとしてのつながりを深め動機を高揚させうる。ただし、懇親会や飲み会の場合、そうした場にたいする参加の意向やそれぞれの多忙さ、酒席であれば飲酒への姿勢の違いなどがあるので、逆に疎外の機会とならない配慮は必要である。「勉強会」的な会合は、正規ではなくとも自発的に集まる準公式の機会として位置づけられると、参加する必要と参加する甲斐ないし楽しさを担保することができるだろう。

　こうした機会の設定は、比較的長期ないしは常設で開催される、検討対象のひろい審議会のほうが、いいかえればチームとしてのまとまりが求められる審議会では受け入れられやすいだろう。ただ、そうではない場合も、論点整理や情報共有を理由に自由な意見交換をする機会は、1回であっても設けることはできると考える。また、こうした場の設定は、審議会の話し合いの当事者でない行政からは難しく、委員側からの提起が期待されよう。

3.3.4　発話を可視化すること

　④発話を可視化することについては、審議会に限らず重要である。ホワイトボード・ミーティングやファシリテーション・グラフィックとよばれる模造紙やホワイトボードを使った議論の記録、ワークショップなどにみられるのりつきふせん紙を使った意見出しや整理など、積極的な可視化は、審議会

全体をとおしてすすめたい。

　発話の可視化の効用は多様である。一つは発話の促進。のりつきふせん紙を意見出しに使うことはその典型でもある。一旦頭のなかで考えて言葉をあてはめることで思考の整理も可能になり、そのふせん紙をみながら記述の内容を説明すると発話もまとまりやすい。また、二つめ、発話が形になって残ることは、発話にたいする受容と内容の共有を担保するので、不安から同じ内容をくりかえしてしまうことを防ぎうる。ただ、そうした作業そのものがめんどうに感じられることもあるし、発話の障壁が下がってくれば道具による補助がなくとも意見が出やすくなる。さらに三つめ、議論の結果、成果を共有しやすくなる。

　のりつきふせん紙を使わずに発話を可視化するには、記録者ないしファシリテーターグラフィッカーによるホワイトボードまたは模造紙での共有が重要である。そうした技術がある補助者が周りにいないときには、レコーディング（発話内容の記録）だけでもよいので可視化しておきたい。その効用は、のりつきふせん紙とも重なるが、発話の促進と内容の共有を進めるところにある。堀公俊・加藤彰は、その効果を、「プロセスの共有」と「参加の促進」とし、より具体的には、「プロセスの共有」について「議論のポイントを分かりやすくする」「ポイントに意識を集中させる」「共通の記録として残す」、「参加の促進」について「発言を定着させて安心感を与える」「発言を発言者から切り離す」「議論に広がりを与える」としている（堀・加藤 2006: 22）。

　審議会では、参加者間の平等や発話の自由度について不安を抱く話者が同じ話題を何度も繰り返すことがある。とくに、審議会の「話し合いの場」にたいする信頼が薄い場合、議論の対立が予定される場合は、発話を整理し共有することができる発話の可視化は重要である。「モメる会議こそ書け」といえる。また、議論の様子や焦点を残し議事録を補完する素材にもなる。平板なテープ起こしより、確認・共有しやすい議論の成果となる。

　最後に、これまで述べてきた①〜④四つの方向性をだれが審議会に示し、深めていくことができるのかという問いが残るだろう。二つの前提と同様

に、審議会の設計にかかわることができる行政側や正副委員長の認識や運営は重要であるが、ガイドラインの設置、市民参加を推進する条例などがあればそれを根拠とした運営規定などにいかすことは可能であろう。これらの「話し合いの場」の規範、手法がよりひろく認知され[7]、それをいかすよう委員からの提起があることも期待したい。

3.4 話し合いという「ナマモノ」

加えて、こうした方向性があれば実りある「話し合い」になるのか、逆にこれらがないと実りある「話し合い」にならないのかという点について付言したい。

「話し合い」は、結局は、構成メンバーによるナマモノとしてうみだされる。これらの方向性は話し合いを「しやすく」「実りやすく」する効果はあっても、それを実体化するのはどこまでもその構成メンバーのかかわりかたつまり主体性とその知見をかたちにした発話による。手法は支援にとどまることを確認しておきたい。

審議会の場も、市民と行政という自治体機構との政策をめぐる「話し合いの場」である。都市型社会の政策をめぐる「話し合いの場」として、異質な個々の主体が課題をまさに主体的に共有し、合意をめざしながら意見を集約する、〈つなぎ・ひきだす〉場(土山・村田・深尾 2011)とすることがめざされる。

4. 市民と政府の「話し合いの場」の形骸化は防げるか

ここまで、審議会の形骸化を抑制しうる前提と方向性を検討してきたが、審議会が「政府と市民の話し合いの場」として相応しいのかどうか、論点を整理し、補足しておきたい。

まず、審議会が形骸化しやすいことは率直に、明確に指摘しておかなければならない。審議会は、政策過程の途中地点で行政が設置する組織であって、設置にさいしてすでにアジェンダも一定の範囲に絞られ設定されている

のだから、そのアジェンダについて執行機関が何ら検討していないはずがない。

　ただし、その「検討」の水準についてはさまざまである。すでに執行機関として意志がまとまっているなら審議会は「隠れ蓑」だが、検討の余地があってそこに「よき決断に資する」ための多様な主体による議論が必要であるなら、審議会という形態はありつづけるだろう。

　審議会は形骸化しやすい。とくに、そのつもりで行政が設計すれば、ほとんど必ず骨抜きになり形骸化する。そうした審議会はそのことそのものを批判されるべきであろう。ただ、「そこまでのつもり」がないのに結果として話し合いの場にならず、行政案になにも影響を与えず収束してしまう審議会もある。それを避けるために、本章ではそのために二つの前提、四つの方向性を指摘して、その具体的内容を検討してきた。

　審議会形式であっても、たとえば東京都武蔵野市の総合計画策定における市民委員会の例（神原・大矢野 2015）は、政策形成に大きな影響力をもつとりくみとして著名である。また、筆者がかかわった審議会でも、常設の、あるいは検討射程の長い審議会では、審議会自体が、課題に主体性をもってかかわる委員によるチームとなって議論することが可能であった。

　ただし、審議会が形骸化しやすく、それを抑制する対策が必要だということ自体は、十分に意識されていないし、そのための対策がとられてもいないように見える。執行機関が検討結果にたいするゴールをすでに設定していてそれを権威づける、いわゆるシャンシャンの審議会を意図してつくっているわけではなく、逆に意識としては自由な議論による「市民意見」の集約を期待した「結果としてシャンシャンになる設計になってしまっている」ことは少なくないように思われる。「市民と政府の話し合いの場」は、もっとその目的を果たすべくデザインされる必要がある。

　本章3.2、3.3で示した前提、方向性については、実は、審議会だけでなく、自治体とくに行政が設定する他の「市民との話し合いの場」、さらには議会によるそれにも適用できるのではないだろうか。これらの前提、方向性が失われれば、「話し合いの場」は形骸化しうる。

では、これらの前提、方向性は、また審議会をはじめ行政が設定する市民との「話し合いの場」は利害関係者の対立が深いテーマでも機能するのかという問いかけがありえよう。その答えは簡単ではないが、本章の立場からは2点が指摘できる。一つには、3.2の二つの前提がどの程度担保されるかが鍵となること、それは行政内部の市民参加にたいする経験、理解、文化の反映だということ。二つには、審議会だけでなく自治体政策形成過程の多様な段階で、とくに自治体の政策課題が特定される初期の段階から、多様な「市民と政府の話し合いの場」をおくことで、分節でそれを支えることが必要になるということである。

　二つめの点では、本章では検討する紙幅がなかったが、自治体機構のもう片翼、議会と市民の話し合いの場の模索がみられるが、重要なフロンティアである。議会改革の潮流のなかで、経験と設計の未熟から、現在では「心が折れる議会報告会」（土山2017: 241）も多いが、本来、自治体の意思決定機関かつ執行機関たいし監査機能・政策提案機能をもつ機関として、政策過程の幅広い段階に「市民と政府との話し合い」の場を設定できる機関である。ここでもまた、そうした「話し合いの場」のデザインが求められる。

　自治体の政策過程の多様な段階で、多元性ある多様な市民の意見が可視化され、代表機関の「よき決定」の基盤となるための「話し合い」のデザインが民主政治の革新として求められているといえるだろう。

注

1　ただし、その負担の範囲がどこまでかは地域や時代によって異なる。また、何が「必要不可欠」、つまりミニマムなのかという問いには正解はなく、一定の手続きによって特定されることになる。議会の議決はその正統化手続きである。

2　また、本章は、村田和代編『共生の言語学』（2015年、ひつじ書房）に収録されている拙著「自治体政策過程への市民参加と議論」と問題関心を同じくし、そのうちとくに自治体審議会に焦点をおきあらためて分析、考察したものとなる。

3　自治体レベルの基本法にあたる自治体基本条例については、松下圭一（1991:

88–90）が日本ではじめてこれを論じ、2000 年にニセコまちづくり基本条例がうまれ、以降、300 をこえる自治体でこれにあたる条例がつくられた。現在は自治基本条例という呼称が一般的だが、本章では松下の用語にならい自治体基本条例とする。

4　本章の作成には、京都市市民参加推進フォーラム（2002–2004 年度、2008–2011 年度、2010–2011 年度座長）、多治見市自治体基本条例市民研究会コーディネーター（2003–2005）、彦根市「まちづくり推進条例」コーディネーター（2008–2011）、草津市自治基本条例策定委員会委員長（2009–2011）、氷見市自治基本条例検討委員会（2015–）での委員、事務局のみなさんとの活動をつうじていただいた多くの学びが前提にある。出会ったみなさまにこの場を借りて心から感謝申し上げる。

5　2008 年 12 月 10 日から 2009 年 1 月 11 日まで、草津市自治体基本条例検討委員会によるパブリックコメントをおこなった。http://www.city.kusatsu.shiga.jp/shisei/kaigishingikai/houkoku/chikijinkenbosaisoumu.jichitaikihon.html　2018 年 8 月 10 日最終確認。

6　そもそも、審議会のメンバーどうしの関係は、役割分担はあるとしても上下関係ではなく、平等なメンバーシップをもつ並行する関係である。その意味では、「参加者が平等な立場で臨める話し合い」「参加者がプロセスを把握しやすい話し合い」「参加者間のラポール構築を促し、参加者同士が話しやすい話し合い」（村田 2013）となるために、座長はファシリテート型（〈つなぎ・ひきだす〉）で進行し、「委員の意見を整理し、それをまとめる能力」が、専門分野の知識以上に（森田 2014: 71）必要とされる。

7　京都市では、筆者もかかわって、『市民参加を進めるための附属機関等運営ガイドブック』（2009 年作成、2017 年改訂）を策定し、議論の設計、運営におけるポイント、公募市民の役割や発話の促進などを規定している。京都市ホームページ「市民参加を進めるための附属機関等運営ガイドブックについて」http://www.city.kyoto.lg.jp/sogo/page/0000219361.html、2017 年 12 月 25 日最終確認。

参考文献

飛鳥田一雄（1987）『飛鳥田一雄回想録　生々流転』朝日新聞社

神原勝・大矢野修編著（2015）『総合計画の理論と実務』公人の友社

土山希美枝（2007）『高度成長期「都市政策」の政治過程』日本評論社

土山希美枝（2015a）「自治体政策過程への市民参加と議論」村田和代編『共生の言語学』ひつじ書房

土山希美枝（2015b）「自治基本条例と「市民」の定義　市民と自治体と自治のかたちを

めぐって」『龍谷政策学論集』4 巻 2 号 pp.65–78.

土山希美枝(2017)『「質問力」でつくる政策議会』公人の友社

土山希美枝(2018)「自治」石橋章市朗・佐野亘・土山希美枝・南島和久『公共政策学』ミネルヴァ書房

土山希美枝・村田和代・深尾昌峰(2011)『対話と議論で〈つなぎ・ひきだす〉ファシリテート能力育成ハンドブック』公人の友社

中野民夫・堀公俊(2009)『対話する力 ファシリテーター23の問い』日本経済新聞出版社

堀公俊・加藤彰(2006)『ファシリテーション・グラフィック 議論を「見える化」する技法』日本経済新聞出版社

松下圭一(1991)『政策型思考と政治』東京大学出版会

村田和代(2013)「まちづくり系ワークショップ・ファシリテーターに見られる言語的ふるまいの特徴とその効果」『社会言語科学』16 巻 1 号 pp.49–64.

森田朗(2006)『会議の政治学』慈学社出版

森田朗(2014)『会議の政治学 II』慈学社出版

森田朗(2017)『会議の政治学 III』慈学社出版

第9章

プラーヌンクスツェレの「話し合い」と「公共形成権」への展望

篠藤明徳

私と話し合いとのかかわり

　私は16年間、ドイツで生活していました。ある日、ドイツを代表する週刊雑誌「シュピーゲル」に、大変興味深い記事が出ていました。住宅地の計画策定に、くじで選ばれた一般市民が「話し合い」を通して自分たちのアイディアを形にするという記事でした。これが、プラーヌンクスツェレとの出会いです。考案者であるディーネル教授の自宅で、先生からその考え、将来のビジョンを聞き、ワクワクしました。その後、実際のプラーヌンクスツェレに進行役として参加し、参加者が「消費者政策のガイドライン策定」という大変難しい公共的課題に対して、意見形成する姿に感心しました。

　日本に戻り、各地で実践される市民討議会の現場で目撃するのも、ドイツと同じでした。無作為で選ばれた一般市民は、年齢、性別、立場の違いを超え、「話し合い」ながら、真剣に未来を創ろうとしています。現在は、日本とドイツを往復しながら、一般市民の「話し合い」の意味を探っています。

要旨

　本章では、ミニ・パブリックスの3手法と比較しながら、プラーヌンクスツェレが徹底的な少人数での話し合いを中心に置いていることを説明する。また、日本で開発されたコンパクト型プラーヌンクスツェレとも呼ばれる市民討議会の特徴を述べる。同一地方自治体で繰り返し実施されること、市民団体と行政職員が実行委員会を設置し、テーマ、内容等を決めることなど、地方自治体内に「話し合い」による政治参加の体験が蓄積され始めている。ドイツの大都市で早期の対話型住民参加が制度化されつつ現状は、混迷を深める代表制民主主義を蘇生させる、第3の市民革命ともいうべき「公共形成権」の登場への序章ではないか、ということを最後に触れたい。

1.　はじめに

　筆者は、プラーヌンクスツェレ(計画細胞会議)の考案者であるペーター・C・ディーネル教授に直接学び、また、実際に参加し観察した唯一の日本人である。プラーヌンクスツェレは、研究者を含め、そのプロセスに参加することはできない。全くの非公開の手法である。そのため、実際の様子を観察しようとする場合、進行役として参加する以外にないが、筆者もその形で参加でき、市民陪審の考案者であるクロスビー博士も同様であった。

　その後、日本に帰国し、『市民の政治学』(篠原一著)をきっかけに、討議デモクラシーの実践、とりわけ、ミニ・パブリックスの海外における実践に関心が高まって以降、その代表的手法であるプラーヌンクスツェレを日本で紹介することに努めてきた。

　本章では、「話し合い」の観点から、プラーヌンクスツェレの実際について報告する。というのは、今なお、プラーヌンクスツェレについて誤解や無理解が存在していると思うからである。

2.　ミニ・パブリックスにおける「話し合い」

　ミニ・パブリックスとは、無作為に抽出された市民が公共的課題について「話し合う」参加手法である。その代表的な手法として、プラーヌンクスツェレ、市民陪審、コンセンサス会議、討論型世論調査(DP)がある。

　「話し合い」の観点からみると、よく論争になるのは、合意を求めるか否かという点である。合意を求めると、強制が働く、また、集団極化を起こすともいわれる。この点を特に強調するのはDPであり、そのためDPでは、合意形成を排除する。それに対し、プラーヌンクスツェレでは、「グループでの決定」を絶対的条件とするが故に、合意形成を促すものと考えられている。しかし、実際のところ、本章で示すように、こうした「集団極化」「強制」を避けるために、様々な工夫が慎重に設計されている。

　さて、「話し合い」の観点からミニ・パブリックスの手法を概観すると、

参加者間、参加者と情報提供者(専門家)間について、その違いを見ることができる。まず、市民陪審、コンセンサス会議、DP の 3 手法について概観したい。

2.1 市民陪審

市民陪審は、プラーヌンクスツェレと非常に似通った手法と考えられている。しかし、いくつかの相違点が存在する。まず、プラーヌンクスツェレが4 つ以上実施するのに対し、市民陪審は 1 つのみである。また、プラーヌンクスツェレは住民登録台帳から完全に無作為抽出した人々に参加依頼状を出して参加者を募るのに対し、市民陪審では、性別、学歴、その他を基に割当制で参加者を決定する。

また「話し合い」の内容を見ると、大きな違いを見ることができる。プラーヌンクスツェレは、後述するように、参加者間の話し合いに大きなウエイトを置いているが、市民陪審では、どちらかと言えば、「証言」という形の情報提供に多くの時間を割いている。プラーヌンクスツェレの合計時間が400 分であるのに対し、市民陪審では 160 分という場合が推測されている(篠藤 2013: 8)。

2.2 コンセンサス会議

コンセンサス会議は、科学技術のアセスメントとして制度化された手法である。約 15 人の人々が市民パネルとして、2 度の週末準備会合と本会議(金曜日から月曜日の 4 日間)で「話し合い」を持つ。週末準備会合では、進め方等についてスタッフから説明を受け、「鍵となる質問」の作成や回答する専門家の選定を行うという。本会議では、1 日目に専門家らの回答、2 日目の午前中に質疑応答、2 日目の午後から 3 日目にかけて市民パネルの議論が続き市民提案が作成され、4 日目にその発表が行われる(三上 2011: 36–42)。つまり、コンセンサス会議では、多くの時間を専門家との「話し合い」に時間をかけ、専門家自身が、一般市民に分かるように科学技術を説明することを要求され、専門用語から日常言語への変換を余儀なくされる。

また、一般市民である参加者間の「話し合い」も1日半、場合によっては、夜中まで及ぶことがあるということで、かなりインテンシブな、長時間の「話し合い」が持たれている。これも約15人という少人数で、かつ、当該課題にかなり関心を持っている人々が選ばれているためであろう。

2.3　討論型世論調査（DP）

　DPは、フィシュキン教授が考案した方法で、既成の世論調査が抱える問題を克服しようとした改良版世論調査である。つまり、通常の世論調査は、当該課題についての情報は与えられず、いわゆる"生の意見"の集約である。それに対して、討論型世論調査では、最初に通常の世論調査が行われ、その回答者から参加者を無作為に募り、3、4日間のイベントに参加してもらう。事前に公平に集約された情報パンフレットを郵送し、イベントの最初に再度意見調査を行う。その後、10人から15人に分かれた小グループでサブ・テーマごとの「話し合い」を繰り返し、そのたびに、出される疑問を続くセッションで立場の異なる専門家が回答する。そして、最終的に3度目の意見調査を行うという手法である。「話し合い」という点では、全体会における専門家に対する質疑、その回答という場と小グループの場という2種類に分けられるが、あくまでも世論調査であるので、合意は絶対に求めないことに特徴がある。ただし、参加者間の話し合いを通して、個人の内面に変化が起きることは十分に考えられ、これが、より「公共的」意見の表出となると考えられる。

3.　プラーヌンクスツェレにおける「話し合い」

3.1　プラーヌンクスツェレの標準モデル

　プラーヌンクスツェレとは、住民台帳から無作為に抽出された人々が参加し、公共的課題について情報提供を受けながら、少人数での「話し合い」を通して市民提言（市民鑑定）をまとめ、政治決定者に提出する手法であり、ミニ・パブリックスでは最も古い手法である。

無作為抽出された参加者は社会の多様性を反映する一般市民であり、当該課題に関する利害関係を持たない人々による「話し合い」である。その参加者が、下記のようなプログラムで、丸4日間の話し合いを続けていくことになる。1つのプラーヌンクスツェレは、基本的に25名で構成され、同時に、4つ以上のプラーヌンクスツェレを実施することが原則である。というのは、条件をどのように整えようと、話し合いの過程で、特定の影響が生じることはあり、全く関係を持たない独立した会議体を同条件で4つ以上実施することで、特定の影響を受けたと思われる会議体を判別し、その理由も分析することが可能になるためである。

表1　4日間の標準的プログラム

時間	1日目 テーマ分野1	2日目 テーマ分野2	3日目 テーマ分野3	4日目 総括
8：00〜 9：30	①ガイダンス	⑤情報提供・討議	⑨情報提供・討議	⑬結果の総括と意見形成1
9：30〜 10：00	休憩	休憩	休憩	休憩
10：00〜 11：30	②情報提供・討議	⑥情報提供・討議	⑩情報提供・討議	⑭結果の総括と意見形成2
11：30〜 12：30	昼食	昼食	昼食	昼食
12：30〜 14：00	③情報提供・討議	⑦情報提供・討議	⑪情報提供・討議	⑮最終討議と投票
14：00〜 14：30	休憩	休憩	休憩	休憩
14：30〜 16：00	④情報提供・討議	⑧情報提供・討議	⑫政治家から意見聴取	⑯手法の評価と終了

（ディーネル 2012: 118）

3.2　実施前の「話し合い」

　プラーヌンクスツェレが実施される前、つまり、プログラム設計の段階で、情報提供者を選定しなければならないが、その際、よく用いられるの

が、当該課題に関する異なった立場の人々を招き、公開の場で実施するラウンド・テーブルである。ここでは、実施機関が異なった論点を整理し、プラーヌンクスツェレの場において情報提供する人を見出す。田村が指摘するように（田村 2016: 193–195）、利害関係者の「話し合い」も、それぞれの根拠を明確に表出させるため、「熟議」にとって重要である。このような場をセッティングできること自体とても意味あるものであろう。

3.3　メンバーチェンジしながらの少人数での「話し合い」

プラーヌンクスツェレでは、情報提供者との話し合いは、簡単な質疑応答を除き、ほとんどない。1 コマ 90 分では、20 分が情報提供、その後、5 人の少人数での話し合い、最後に、各グループからの発表と個人のシール投票が標準形とされている。つまり、参加者間の徹底的な「話し合い」にその特徴がある。また、既に述べたように、研究者を含め、外部の者は立ち合うことが禁止されている。つまり、非公開の場である。

その少人数討議では、グループとしての意見形成が促される。しかも、コマごとに、各グループのメンバーはチェンジするが、こうして 25 名は絶えず話し合いの相手を変えながら、それでもグループの「合意形成」を図ることで、無作為抽出された参加者は、個人的意見から離れ、他者の意見を考慮しながら社会全体の利益を具体的に考え、当該課題の解決策を考えていくようになる。つまり、ディーネルのいう「市民としての役割付与」が自然に実現するプロセスである。

筆者は、プラーヌンクスツェレに実際参加した時、目撃したシーンを書いたことがある（篠藤 2006: 65–66）が、博士号を持つ紳士が、高度な政策形成を「素人」ができないと考え、毎回の話し合いの中で、それぞれの意見を「整理」し意見形成をリードしようとしていた。しかし、毎回メンバーが変わる中で、2 日目の昼食時、「他者の意見に共感することなしに、合意はできませんね。この手法の特徴はそこにあることに気付きました」と筆者に述べたことを今でも鮮明に覚えている。高齢のおばあちゃんは、公共政策的知識はなくとも、その人生で蓄積された智慧、意見を持っている。その言葉に

耳を傾け、共感することこそが、「公共形成」の土台であり、プラーヌンクスツェレは、こうした「話し合い」を実現する場である。

　当該公共課題に関する専門家鑑定(意見表明)は、今日、常識的である。しかし、ディーネルが言うように、「市民鑑定」が欠如している現状に、今日の民主主義の欠陥が現れている。本来的にその機能を果たすことが期待されている「政治代表者」の話し合いは、選挙を意識した「党派的意見」の表出の場と化している。プラーヌンクスツェレのプロセスにおいて、3日目の終わりに、そうした党派代表としての政治家からの意見聴取の場が設定されている。利害関係もなく、偶然に選ばれ、そこでの働きが自己のキャリアとも関係しない参加者は、「全体の利益」に立とうと3日間にわたって学び、話し合ってくる中で、党派的政治家との話し合いは、往々にして失望や怒りを感ずる場になる。つまり、「選ばれた政治家は、"公共的"であろう(あるいは、あってほしい)」と思っていた信頼が揺らぐ時である。しかし、政治家にとって、ある意味で、自己利益を代弁させようとする選挙民ではなく、「市民」との出会いの場ともなり、本来の使命を再認識できる「話し合い」の場ともなるのである。

3.4　フェース・トゥ・フェースの「話し合い」

　ハンス・ルートガー・ディーネル(ベルリン工科大学教授、ペーター・C・ディーネル教授の次男)は、プラーヌンクスツェレの「話し合い」には、他の重要な場面があるという。それは、丸4日間のプログラムの中にある、自由なリラックスした交流・意見交換の場である。各作業をするコマの間に30分間の休憩時間が置かれている。ここでは、いろいろな飲み物やクッキーその他が置かれ、和やかな会話が交わされている。また、60分間の昼食時間が取られ、筆者が参加したエアランゲンでは、ホテルのレストランで毎回食事をした。こうしたプログラムでは、参加者が自由に会話し、互いを知る良い機会を提供している。「会議」という雰囲気から、「生活」「余暇」の雰囲気を作り出している。こうした人間的交流がないと本当の合意はできないと思われる。外交交渉の場でも、こうした舞台づくりが重要であることはよ

く知られている通りである。

　ヨーロッパでは、リキッド・デモクラシーという手法に注目が集まっている。この手法は、インターネットを利用したもので、参加者の討議と集中に特徴があり、連邦の委員会や政党における意見集約にも用いられている。インターネットを通した民主的意見集約と政策形成は討論型世論調査でも用いられるように、重要な展開であるが、本章で紹介しているフェイス・トゥ・フェイスの身体性を伴った「話し合い」の重要性は、常に意識されるべきものであろう。

3.5　委託者の応答責任

　プラーヌンクスツェレにより提出される「市民鑑定」には法的拘束力がない。従って、政治決定権を持つ委託者（多くは、行政責任者）に提出され、その政治決定の判断に委ねられる。筆者が、ある学会でプラーヌンクスツェレについて報告した際、この点を指摘された。しかし、その提出は、マスコミ等も招待される公開の場所（しかも、市庁舎ホール等、権威ある場所が要請される）で、参加市民も全員招待され、その代表者から手渡される。かつ、プラーヌンクスツェレにかかる費用は、最低でも1,000万円近くかかり、自治体レベルでは、その支出は議会決定されるので、その結果を無視することは簡単ではない旨を回答した。

　プラーヌンクスツェレでは、その質保証の基準の1つとして、一定期間後における委託者（政策決定者）の応答責任を義務付けている。「市民鑑定」の中で取り上げられた「市民提案」と「考慮すべき点」について、その採択・非採択の理由について、誠実に回答し公表することである。ハーバーマスがいうコミュニケーション権力の考えに沿えば、プロ市民である政治家や公務員が、その正統性を調達する市民社会とのコミュニケーションの1つの場がプラーヌンクスツェレであるともいえるだろう。

4. 日本の市民討議会

4.1 市民討議会の実践とその質保証

日本では、既に述べたように、篠原一の『市民の政治学』に触発された東京青年会議所の人々が、「一般市民による公共政策づくり」という関心から、プラーヌンクスツェレのミニチュア版ともいうべき市民討議会を開発し、全国に普及していった。筆者も当初から相談を受け、その実践に関わってきた。

2006年8月、三鷹市で行政が共催し実施された"みたか・まちづくりディスカッション2006"が、無作為抽出型市民の討議的参加手法である市民討議会のスタートとなった。その後、現在まで、全国で400近くの実施事例がある。その内容、質は種々バラバラで、1日のイベントとして実施されるものから、高度な公共政策課題や総合計画策定における市民参加の定番となったものなど多種多様な展開を見せている。

筆者たちはその質を担保するために、3つの柱を作ることにした。まず、NPO法人市民討議会推進ネットワークを結成し、全国で展開する市民討議会のプログラム設計など運用における相談を受け指導を行っている。また、全国で実施する市民討議会のデータベース作りも進めてきた。

次に、年に一度、実施された市民討議会から4、5事例を選び、その報告、質疑応答を通して互いに学び合う「市民討議会・見本市」を開催してきた。昨年度で既に10回を数えている。また、見本市では、後半部分、質保証に関係する専門家による発表やパネル・ディスカッションも実施してきた。

最後の柱は、日本プラーヌンクスツェレ研究会を組織し、ドイツなど海外の研究や事例の知見を深めると同時に、日本での実施における学術調査、研究に基づき、報告・交流する場を設けてきた。そして、2015年12月には、他のミニ・パブリックスの手法の研究・実践者と共に、日本ミニ・パブリックス研究フォーラムを設立することとなった。

その設立総会には、ドイツからハンス・ルートガー・ディーネル教授も参

加し、基調講演を行った。筆者は、ドイツにおけるプラーヌンクスツェレの質保証ネットワークの創設メンバーの一人であるが、市民討議会等の日本の実践について報告し、海外の研究者とその質保証について議論を重ねてきた。

このように、日本での実践では、ある意味、「伝言ゲーム」のように普及した経緯もあり、そのために徹底的に公開しながら質保証を担保してきたことが特徴である。

4.2　市民討議会における「話し合い」

市民討議会は、ドイツのプラーヌンクスツェレを学ぶことによって、その基本的内容を作ってきた。しかし、多くの事例では、参加者は 3、40 名ほどで、その実施期間も多くが 1 日間である。それ故、コンパクト型とも呼ばれるが、既に述べてきたように、プラーヌンクスツェレが丸 4 日間の徹底的話し合いをその特徴としている点を考えると、こうした市民討議会をプラーヌンクスツェレのコンパクト型と呼ぶべきかどうか、命名者である筆者自身がいつも戸惑っているところである。

しかし、市民討議会には、プラーヌンクスツェレにない特徴がある。その第 1 が実行委員会の存在である。もともと、青年会議所という民間団体が行政に働きかけ開始した時点で、行政と市民との協働プロジェクトと位置付けられたことに起因する。プラーヌンクスツェレの実施における独立的専門機関（多くは大学関係者）の原則から見ると、素人である青年会議所のメンバーと行政職員から主に構成される実行委員会は、その質について危惧されたところである。実行委員会では、市民討議会のテーマも検討し決定する場合が多い。かなりの回数、開催し、議論しながら、テーマ、プログラム、参加者の選び方などを決めていく。また、実行委員会の中で、模擬市民討議会を実施し、検討事項を確認、修正する。これは、青年会議所が単年度の事業として実施するため、担当する委員会のメンバーが中心となり、実行委員会を実施することになる。しかし、多くのケースでは、その後も引き続き、青年会議所と行政の協働事業として継続する。町田市における連続開催などは

第9章　プラーヌンクスツェレの「話し合い」と「公共形成権」への展望　161

その好例である。

　また、日本の市民討議会は、市町村レベルの市民参加手法として実施され、かつ、コンパクト型であるが故に、多くの自治体で継続的に実施されている。その結果、市民側も行政職員側も多くの経験を積みながら、熟練していく。始まりとなった三鷹市では、三鷹市民協働センターが中心となり、市民討議会におけるファシリテーター養成を行い、また、無作為抽出の手法が、他の審議会、委員会における委員選出に用いられるなど、一般市民が公共政策策定過程の「話し合い」に参加できる道を拓いている。同一自治体における継続的実施というのが、他のミニ・パブリックスの手法にはない大きな特徴となっている。

4.3　知識創造自治体への道

　こうした市民討議会の動向を三鷹市の事例に沿いながら、野中郁次郎教授の「知識創造経営」の理論に基づいて分析したのが、廣瀬文乃氏の研究である。野中氏の SECI モデルでは、①社会化→②外化→③結合→④内化の過程を螺旋状に描きながら、知識創造は起こると考え、そのモデルは自治体経営でも同じであるとする。その考えに基づき、廣瀬氏は、三鷹市での市民討議会では、以下のような過程が進んだと考えている（Hirose 2014: 236, 237）。

①参加者の日常生活上の暗黙知
②小グループ討論で、考えを明確化する
③市民提案を作成し、自治体計画に反映させる
④市民討議会の体験が日常生活の一部になる

　また、そうしたプロセスは、事前の実行委員会での話し合い、その後の市民討議会推進ネットワークや見本市の体験へと結ばれ、開かれた形で螺旋形に展開している。

　知識創造自治体は、もちろん、市民討議会だけによっておこるのではなく、以前からの市民参加の蓄積により、市民側にも行政職員側にもキーパン

ソンが生まれ、互いに結ばれて、三鷹市という自治体に蓄積されていったことが大きい意味を持つ。

5. ドイツにおける市民の政治参加

5.1 戦後ドイツの民主主義の制度化プロセス

さて、プラーヌンクスツェレを生み出したドイツにおける市民の政治参加の展開を概括すると、現在、3番目の大きな潮流が現れ始めている。

第1の潮流は、ドイツは戦後、ワイマール共和国からヒットラーの出現に至った経緯を深刻に振り返り、「戦う民主主義」を掲げ、その柱の1つとして、憲法構造に政党を位置づけたことである。安定した政党、つまり、代表制民主主義がなければ、ポピュリズムを通した独裁が出現することを学んだのである。従って、戦後ドイツは、強固な政党制が確立し、市民生活の隅々にまで及ぶ政党活動を見ることができる。その土台の上に市町村レベルの議会会派でも政党色を帯びている。しかし、ドイツの自治体議会の議員は職業政治家ではなく、職業を他に持つ市民政治家である。つまり、より市民生活に近い人々から構成されている。また、議会も一般市民が傍聴可能な夕方からの開催である。

しかし、80年代終わりから、代表制民主主義の対する根本的批判に基づき、法的拘束力を持つ住民投票制度、とりわけ、住民発議を可能にしたイニシアティブの法制化が進み、直接民主主義の制度化として大きな転換点となった。16州すべてにおいて州レベル、自治体レベルで法制化され、住民発議は日常的ともいえるほど各自治体で行われ、定着している。今日、こうした直接民主主義の制度を否定する政党はない。これが第2の潮流であった。

だが、周知のように、住民投票は、諾否のみを決定し、住民を分断する危険性を持つ「劇薬」である。また、住民投票で否定されると、法的拘束力を持つが故に、全てが停止したままとなり、スピードが要請される現代の政治決定の手法としての限界も露呈してきた。

5.2 草の根民主主義のネットワーク

さて、戦後ドイツにおける民主主義の確立で忘れてならないことは、民主主義に対する国民の理解を深める努力であろう。今日、日本でも選挙権を18歳に引き下げたため、「主権者教育」という呼び名でよく論及されるところであるが、ドイツでは政治教育をとりわけ重要視してきた。連邦レベル、州レベルでも、党派を超えた形で、しかし、「移民の統合」など、論争を呼ぶアクチュアルなテーマについても、大変質の高い教材、出版物が専門家の手で出版され、無料で配布されている。

また、トクヴィルの指摘するように、健全な民主主義には、「草の根民主主義」が不可欠である。その主要舞台は、市民に近い地方自治体レベルにおける住民の自発的取り組みや参加であるが、こうした「草の根民主主義」を支える好例の1つが、ボンに拠点を置く財団法人ミットアルバイトである。同財団は、小さな組織ではあるが、連邦内務省より助成を受け、各地の住民運動や住民参加の結節点としての役割を果たしている。

同財団は、1997年から「住民参加と自治体レベルの民主主義のためのセミナー」をロッコム財団と共催して開催している。このセミナーは、2泊3日の泊まり込み合宿で、ドイツ各地から研究者、行政関係者、市民活動家などが参加し、ネットワークを作っている。そうした土台の上に、「市民参加ネットワーク」ができ、近年、各自治体で「住民参加のためのガイドライン」が制定されることになった。

5.3 市民参加の第3の潮流

80年代末から法制化された住民投票制度を背景に、各自治体では住民参加の様々な手法が実践されるようになった。その中の1つがプラーヌンクスツェレではあるが、その他にも、未来ワークショップ、未来会議、ワールド・カフェなど様々な手法が用いられ、それを実施する機関が活動している。こうした手法は、対話的市民参加の手法と呼ばれ、市民・行政間、市民間の対話を促す。先に述べた「市民参加ネットワーク」は、こうした実践の上に結成されたものである。その成果として、ドイツの10万人を超す大都

市の多くでは、早期の対話型市民参加を促すガイドラインや条例等が制定されている。つまり、対話型市民参加（別な意味でいうと、討議型民主主義）の制度化である。

　その嚆矢となったハイデルベルク市では、2008年、2010年にイニシアティブによる住民投票を体験し、諾否を求める直接民主主義に対し、もっと建設的な住民参加の制度化を考えるようになった。そこで2011年、議会、行政、市民の三者から成る、ガイドライン策定の作業部会を結成し、その後、ガイドライン、条例が市議会で議決され、また、行政では要綱が制定された。その際、ヘルムート・クラーゲス教授（シュパイエル行政大学院・元学長）の尽力が大きかったという。

　ガイドラインの内容は各自治体で異なっているが、主な構造は以下の通りである。

①市長部局に住民参加の所管課を設置する。
②市の行政計画をリストとして掲示し、その中に、住民参加の予定等を明示する。
③住民参加のコンセプトとして、目的、手法等を明示する。
④住民は署名を集め、住民参加を発議することができる。
⑤第3者機関として、住民参加評議会を設置する。
⑥住民参加手法を例示する。

　ここでの住民参加は、あくまでも行政計画に関するものではあるが、早期に計画に関する情報をWebなどで公開し、対話型の住民参加を促していることが特徴である。もちろん、行政計画だけではなく、アジェンダ・セッティングを含む市民参加を求める声も大きい。

　このように、民主主義の柱として定着した代表制民主主義、直接民主主義を補完するものとして、対話型（討議型）市民参加の制度化が進んでいることは、まだ端緒とはいえ、今後の展開が大いに注視されるところである。

6. 「公共形成権」が保障される 21 世紀

6.1　転換点に立つ現代政治

　混迷を深める民主主義は、世界の先進地域でその度合いを大きくしている。アメリカの大統領選挙では、社会民主主義者を自称するサンダース候補の草の根運動がおこり、また、共和党首脳部と真っ向から対立するポピュリストのトランプ氏が大統領に選出された。

　政党制を憲法構造として確立し、安定した政治を実現した戦後ドイツも、現在、混迷を深めている。長く、キリスト教民主同盟・キリスト教社会同盟と社会民主党の 2 大政党が政権交代をしてきた。80 年代に登場した緑の党は、70 年代の新しい社会運動を統合した政党であったが、州政府から連邦政府における連立政権参加に見られるように、安定した政党としての立場を築いてきた。しかし、現在、旧東独共産党の系譜をひく左翼党や EU 統合に批判的な政党・ドイツのための選択肢（AfD）は、ポピュリスッティクな言動で、急増する移民、避難民批判の受け皿として飛躍している。

　2 大政党制の母国とみなされるイギリスでは、スコットランド独立党、自由党の得票は確実に上昇し、また、2016 年、労働党、保守党の 2 大政党の中枢が反対していた EU 離脱は、大方の予想を裏切り、国民投票で決定された。

　国民を覆う閉そく感を土台に、ポピュリズムの嵐が引き荒れている。選挙で選ばれるエリートに対して、国民の多くが不信を持っている。「彼らは、我々とは違う！」という気持である。

6.2　ディーネルの構想

　ペーター・C・ディーネルは、70 年代にプラーヌンクスツェレを考案した時、民主主義の諸制度について分析をしている。彼によれば、民主主義とは、単に選挙を通して実現する代表制民主主義だけではなく、いくつかの柱を打ち立てることによって実現してきた制度であるという。つまり、選挙、議会、行政（公務員制度）、政党、住民・国民投票、利害関係者代表による審

議会、社会的弱者のためのアドヴォカシー・プランニングなどである。しかし、こうした民主主義の諸制度は、社会全体の利益、将来世代の利益などを考えた場合、既に不十分になっている。しかし、民主主義を捨て去り、「効率性を求めての独裁」、「伝統的共同体幻想」などに逃げるのではなく、民主主義にもう一つの柱を立てることで、イノベイトすることができると確信した（ディーネル 2012: 48–78）。

それぞれの個別利益・権利から離れた公共の福祉を代表するために、「無作為抽出」という手法に注目し、プラーヌンクスツェレを考案した。プラーヌンクスツェレの画期性は 2 つである。1 つは無作為抽出の参加、もう 1 つは、徹底した「話し合い」である。

近代の市民革命を経て、第 2 の市民革命とも呼ぶべき普通選挙法の確立により、今日の代表制民主主義は正統性を得ることによって制度的に安定した。しかし、グローバル化が進展した、新しい社会コンテクストの中で、代表制民主主義は、瀕死の状態である。しかし、選出された政治代表者は、市民討議による公共政策の提案を受け、無作為抽出された市民と対話（話し合い）することで選挙以外に新たな「正統性」を得る道が拓かれようとしている。

6.3 「公共形成権」に基づく社会

民主主義問題は、政治決定の「プロセス」の問題であり、プロセスを通して、「何」を実現するかが重要であるということをよく耳にする。「経済成長」であろうと「格差是正」であろうと、「成果」が重要であると考える。

しかし、先進諸国を覆っているのは、「成果」に対する窮乏感であろうか。敢えて言うと、社会の中で認知されない感覚、排除感が覆っているように思われる。ここで提起している「公共形成権」とは、どんな立場の人々であっても、公共を形成する主体として尊重され、それが保障されることを意味する。プラーヌンクスツェレの構想が示す 21 世紀の社会は、こうした個人に尊厳を与える社会であると言える。

ディーネルは、「日々の労働から解放され」、生活保障された形で、「一定

期間、『市民』としての役割を果たす」社会システムとして、プラーヌンク
スツェレを構想している。

　全ての国民が1票を行使できるという20世紀民主主義から、21世紀は、
全ての国民は公共政策を形成する権利が保障される「公共形成権」という新
しい参政権を得る第3の市民革命の時代である。このことをディーネルは
夢見たのであろうと筆者は考えている。

7.　おわりに

　本章では、私がドイツで生活していた時に出会ったプラーヌンクスツェレ
と考案者であるペーター・C・ディーネルの思想と実践について、私が体験
し、理解したことを率直に披瀝してきた。先行きの見えない21世紀の社会
を構想する際に、1つの刺激としていただければ幸いである。

参考文献

篠藤明徳(2006)『まちづくりと新しい市民参加―ドイツのプラーヌンクスツェレの手
　　　法―』イマジン出版

篠藤明徳(2013)「ネッド・クロスビーと市民陪審」『地域社会研究』23号：pp.1–10.
　　　別府大学地域社会研究センター

篠藤明徳(2016)「ドイツの自治体における市民参加の進展」『地域社会研究』27号：
　　　pp.34–36.　別府大学地域社会研究センター

篠原一(2004)『市民の政治学』岩波書店

篠原一編(2011)『討議デモクラシーの挑戦―ミニ・パブリックスが拓く』岩波書店

田村哲樹(2016)「熟議民主主義と集団政治」(宮本太郎・山口二郎編『リアル・デモク
　　　ラシー』pp.189–216.　岩波書店

ディーネル、ペーター・C(篠藤明徳訳)(2012)『市民討議による民主主義の再生―プ
　　　ラーヌンクスツェレの特徴・機能・展望』イマジン出版

ディーネル、ハンス・ルートガー(篠藤明徳訳)(2015)「ミニ・パブリックスの標準
　　　化、制度化」『地域社会研究』26号：pp.10–13.　別府大学地域社会研究セン
　　　ター

三上直之 (2011)「コンセンサス会議—市民による科学技術のコントロール」(篠原一編『討議デモクラシーの挑戦—ミニ・パブリックスが拓く新しい政治』pp.33–60. 岩波書店

Hirose Ayano (2014), "Die wissensgenerierende Stadt: Die Fallstudie der Bürgerdiskussionen in der Stadt Mitaka" In Dienel, Franzl, Fuhrmann, Lietzmann,Vergne (Hrsg.) *Die Qualität von Bürgerbeteiligungsverfahren*: pp.235–253. Muenchen: oekom verlag.

第 10 章

感情ヒューリスティックスと
ミニ・パブリックス

―Web DP 実験からの考察

坂野達郎

私と話し合いとのかかわり

　日本初の討論型世論調査をスタンフォード大学フィシュキン先生の指導の下に実施してから、9 年たちました。民主主義の基本的な理念は、2 千年以上変わらないものの、理念を実現するための様々な改良、改善をする努力が今も世界のいたるところで鋭意継続しています。このことに対する驚きが、無作為抽出市民を公共的な意思決定に現代社会で活用しようという試みがあることを初めて知った時の感想です。民主主義自体がそうであるように、討議民主主義もコミュニケーション的行為の理論もすべて、西洋文化圏から日本に入ってきたものです。正直、「話し合い」という日本語で、民主主義の問題を考えたことはありませんでした。考える必然性もないと考えていました。しかし、第 2 近代以後の社会を考えるうえで、日本文化圏の中で育くまれてきた人間観や社会関係は、意外にヒントとなりうるかもしれません。今回いただいた執筆の機会は、これまでの発想を見直す良い機会となりました。

要旨

　無作為抽出した市民を政策決定に活用する試みが、討議民主主義実現の手法として注目されている。しかし、討議という言葉から連想される談話スタイルに反して、少なくとも日本の DP では、井戸端会議的なインフォーマルな意見の交換が行われるのが実態である。このことから市民による討議は、専門家に比べて質的に劣るという批判がある。しかし、感情ヒューリスティックスが働く市民による討議は、近代化に伴って分裂した真理性判断、正当性判断、真実性判断の再統合に不可欠である。DP の手続きで構成される場は、感情ヒューリスティックスが働くコミュニケーション環境となっていることを示唆する結果が、社会実験から得られつつある。

1. 討議とコミュニケーション的行為

　無作為抽出した市民（ミニ・パブリックス）による討議を政策決定に活用しようというアイデアは、民主主義の新しい形を模索する多くの思想家、及び実践家に刺激を与え続けている。討論型世論調査（Deliberative Polling®の頭文字をとり以下DP）は、計画細胞（Planning Cell）、市民陪審（Citizen Jury）、コンセンサス会議（Consensus Conference）とともに、ミニ・パブリックス型手法を代表する手法の一つである。具体的には、無作為抽出された100人から300人の市民が15人程度の小グループにわかれ、十分な情報提供の下で討議を行い、討議前後の政策に対する意見の変化をアンケート調査で比較することにより、通常の世論調査では捉えることのできないより熟慮された民意を明らかにすることを目的にした手法である。

　ミニ・パブリックスを活用した手法は、主に二つの前提を共有している。代表性と討議合理性に関する前提である。無作為抽出市民から構成されるミニ・パブリックスの代表性は、選挙によって選出される代表者グループよりも高いという代表性に関する前提、第二に、そのように選出された市民による討議の場は、理想的発話状況に近づけやすいという討議合理性に関する前提である（坂野 2013）。

　DPは、他のミニ・パブリックス型手法と比較して、厳密な無作為抽出を重視している点、及び討議参加者の合意を求めない点に特徴がある。他の手法が、ミニ・パブリックスによる評決あるいは提言を求めているのに対して対照的である。DP創始者であるJ. フィシュキンは、2009年に出版した著書『When the People Speak』で、過去二十年にわたる事例を引きながら、DPの成果を検証している。まず、代表性について見てみると、討議への参加を強制することができないため多少のバイアスは避けられないものの（多くの事例で、高学歴、男性、高齢者の比率が高くなる傾向がある）、無作為抽出を採用しない方法に比べれば、母集団に格段と近い属性の参加者確保に成功しているとしている。討議の質に関しては、ほとんどのDPで、討議前後で有意に知識量が増加すること、また、知識が増加するほど態度変化が起

きやすいことが報告されている。他方で、人は自分の信じたいものを信じる傾向があるので、討議をすればするほど、意見は分極化するという批判がある。しかし、DP では、今のところ分極化が起きたという報告はない。無作為抽出された市民がバランスの取れた情報提供を受け、かつ、一定の対話ルールにしたがって討議を行うためと考えられている。価値判断についてみてみると、特殊利益の支持が減り、一般利益の支持が増加した事例が報告されている。日本で行われた DP でも、ほぼ同様の結果が得られている[1]。総じて判断するならば、参加バイアスは完全には解消しきれていないものの、市民全体の属性分布に近いミニ・パブリックスを構成することは可能であり、集団分極化や特定階層によるコミュニケーション支配も、モデレーションの技術により防ぐことができ、結果としてより合理的な判断を形成する学習の場となっていると言えそうである。それでは、なぜ、DP は、質の高い判断を形成する学習の場となりえるのだろうか。

　そもそも、討議をすることに意味があるのは、討議によってより優れた意見が形成される可能性があるからであり、かつ、ある意見が他の意見より優れているかどうかの判断が判断主体の違いを超えて一致しうるからである。ただし、討議を行えば必ず優れた意見が形成され判断の一致がおこる保証はない。人間の判断は、その材料となる情報に左右されるから、状況によっては、誤った判断や公正さの欠ける判断が形成されることも十分あり得るし、討議をすればするほど対立が深まることも現実には起こりえる。

　J. ハバーマス（Habermas 1990）は、ある判断が他の判断より優れているかどうかの判断が判断主体の違いを超えて一致することは単なる偶然ではないと主張するために、理想的発話状況というコミュニケーション状況を想定した。彼の議論では、事実判断および価値判断がより妥当な根拠を持っているかどうかという意味で合理的かどうかの判断は、理想的発話状況においては判断主体を超えて一致するものとされている。討議的な意味で合理的であるということは、理想的発話状況において妥当性判断が判断主体を超えて一致することと言い換えることもできる[2]。そのようなコミュニケーション能力を持った存在としての人間を前提にしなければ、討議をすることの意味がな

くなってしまうという問題提起でもある。

　しかし、現実のDPで観察される市民同士のコミュニケーションは、討議と呼べるほど理路整然としたものでは必ずしもない。少なくとも、私が日本で実施した2度のDPでは、主張が常に明確に述べられるわけではないし、その妥当性について議論を交わすということはあまり行われていない。他者の意見に触発されて、関連する意見を述べあうという井戸端会議に近い談話スタイルが中心となっているのがDPにおける討議の実態である。それにもかかわらず、後に紹介するように、DPに参加した市民はより合理的な判断に到達したことを、アンケート結果は示している。このことは、コミュニケーション的合理性は、討議よりも緩いルールの下で営まれる談話スタイルのもとでも達成できることを示唆している。

2.　DPと「話し合い」

　DPのDは、deliberationのDである。討議民主主義あるいは熟議民主主義と訳されているDeliberative Democracyにも使われるこの語の語源をオックスフォード英語辞典で探ると、ラテン語のde libraにあることがわかる。deはfrom、libraは天秤を意味し、秤を用い計量することから転じて、何かを決定する際に熟考すること、裁判における審議などを意味する語として現在は使われている。「議」という漢字の成り立ちを漢語林で調べてみると、de libraと共通する側面があることがわかる。偏の「言」は、「取っ手のある刃物の象形と口の象形」を組み合わせたもので、「（つつしんで）言う」という意味が込められている。旁の「義」は、もともと、「ひつじの首の象形とぎざぎざの刃のあるのこぎりの象形」を組み合わせたもので、「厳粛な（礼儀正しく、近寄りがたい）作法・ふるまい」を意味する。旁と偏があわさり「正しい道を求めて発言する」を意味する「議」という漢字が成り立ったとされている。deliberationと「議」を比較すると、両者とも何か公的な決定をするために、フォーマルな場で異なる意見を比較検討するといった意味が語の造りに残されているようである。

これに対して、「話」という漢字の成り立ちは、偏の「言」と旁の「舌」からできており、「舌」は、「活」に通じ、「ほしいままに水が流れ出る」の意味から、言葉がほしいままに流れ出る様をあらわすとされている。deliberation と「議」が、フォーマルで分析的な談話スタイルを指向するのに対して、「話」は話者の心に浮かんだ考え、気持ちといったものを表現することを指向するよりインフォーマルな談話スタイルであることが、語の造りに残されているようである。

さらに、「話し合い」という語が、「議」及び「話」とどのような関係にあるのか考えるために、明鏡国語辞典で「話し合う」という語の意味を調べると、「互いに話す」「語り合う」という意味と、「物事を解決するために、互いに意見を出し合って話す」という二つの意味があることがわかる。インフォーマルで表現的な「話」の側面と、集団における決定を前提にした意見の比較という「議」の側面を併せ持った語であることがわかる。

前述したように、現実の DP で観察される市民同士のコミュニケーションは、語源に照らしてみれば、分析的であるというよりは、どちらかといえば、話者の心に浮かんだ考え、気持ちといったものを表現することが中心になっている。この点では、「議」より「話」の側面が強い談話スタイルとなっている。しかし、DP を含めミニ・パブリックスは、公的な問題について考える場である。参加者も、無作為に集められた初対面のもの同士である。また、専門家に小グループごとに決めた質問を回答に聞くという機会が設定されている。ここには、「議」の側面がより強く反映している。DP におけるコミュニケーションは、「議」と「話」の二つの側面を併せ持っている。その意味で、「話し合い」に近い談話スタイルであると言えそうである。

3. 「話し合い」とコミュニケーション的行為

ミニ・パブリックスに対する批判の一つに、市民による討議は、専門家の討議に劣るという批判がある。この批判は、市民は「話し合い」はできても、よりフォーマルで分析的な「熟議・討議」はできない、あるいは専門家

ほどうまくはないという批判と理解することができる。また、「話し合い」が「熟議・討議」に比べて、公的意思決定を行う上では質的に劣っているとの批判でもある。専門家に比べて、市民がフォーマルで分析的な「熟議・討議」に熟達していないことは多くの場合事実と認めてよいだろう。フォーマルで分析的な「熟議・討議」の素養をある程度身に着けることは必要かもしれない。しかし、すべての市民が専門家と同程度に「熟議・討議」に熟達することは必要ないし、ましてや、「話し合い」が「熟議・討議」に比べて、公的意思決定を行う上では質的に劣っているとの批判については再考の余地がある。

　J. ハバーマス(1996)は、"Three Normative Models of Democracy"において、deliberation という語を、制度的権力を持っているフォーマルな政府機構における「熟議・討議」にあてており、制度的に権力を持たないボランタリーな市民社会においては、コミュニケーション的行為という語を用いている。コミュニケーション的行為は、「議」と比較してよりインフォーマルな性格を持つものとして理論化されているようである。このことは、社会をシステムと生活世界に分け、後者がコミュニケーション的行為の行われる場として位置づけられていることにも表れている。

　それでは、「議」よりもインフォーマルな性格を持つコミュニケーション的行為は、「話し合い」とどういう関係にあるのだろうか。この問いに答えるために、コミュニケーション的行為の理論が提唱された背景について今一度考えてみたい。J. ハバーマスがコミュニケーション的行為の理論を提唱した背景には、近代化に伴う理性の分裂という問題がある。千葉(1998)が指摘するように、近代化に伴う理性の分裂という問題意識は、M. ウェーバーの近代社会認識を継承するものである。彼の理論の特徴は、理性が真理性判断(認知的)、正当性判断(規範的)、真実性判断(自己表現的)の三つの価値領域に分裂したという問題認識のもとに、一旦分裂してしまった理性を再統一するものとしてコミュニケーション的合理性(それを担うコミュニケーション的行為)を提唱した点にある。

　ここで、この三つの価値領域の分裂という問題と、「議」、「話」、「話し合

い」の関連について考えてみたい。まず、「議」は、真理性判断（認知的）と正当性判断（規範的）に対応した談話スタイルとみなせる。deliberation や「議」の分析的側面は、真理性判断になくてはならないものであるし、「議」の語源的意味「正しい道を求めて発言する」が、正当性判断（規範的）を目的にしていることは明らかである。近代科学の確立とともに真理性判断（認知的）は、正当性判断（規範的）から分離独立するものの、どちらも、話者固有の判断を超えて成立するより普遍的な判断を指向する点で共通している。「議」という談話スタイルには、近代合理性の影響が強くなるに従って分離した真理性判断と正当性判断が不可分に結びついていたとも言えそうである。

　これに対して、真実性判断（自己表現的）は、話者の固有性を指向する点で、他の二つの判断領域と性格を異にする。自己表現を指向する点は、「議」ではなく、「話」という談話スタイルに対応していることがわかる。個人を超えたどのような規律にも縛られない自由で独立した存在が人間本来の姿であるとする人間観の確立は、近代化のもう一つの側面である。これによって、他の誰とも違う真実の自分（authenticity＝真実性）が、独自の価値領域として規範性から分離することになる。規範性から分離独立した真実の自分の追求は、公的な問題と個人の情熱が結びつかない社会を作り出す。「議」と「話」の分離は、真理性判断と正当性判断の分裂と同等あるいはそれ以上に、近代化の深刻な問題であることがわかる。

　コミュニケーション的行為が「議」よりもインフォーマルな談話スタイルとして提唱されたことには、理性の再統合にとって真実性判断が他の二つの判断領域と同様に重要であるとの認識が反映している。また、「議」と「話」の両側面を持つという点で、「話し合い」とコミュニケーション的行為は、共通性をもつ談話スタイルと言えそうである。J. ハバーマスにとって、真実性判断が切り離された「議」は、「議」と「話」の両側面を持つ「話し合い」よりも質的に劣る談話スタイルということになる。市民は、「話し合い」しかできないという批判は、「議」と「話」の分裂を擁護するものであって、この批判それ自体が批判されるべきものである。彼にとって批判の

対象は、むしろ「話し合い」を質の劣った談話スタイルとみなしている専門家ということになる。

4. 感情ヒューリスティックスとミニ・パブリックス

それでは、「議」と「話」の統合、あるいは真理性判断（認知的）、正当性判断（規範的）、真実性判断（自己表現的）の三つの判断の統合は、どのようにして、あるいはどのような場で可能となるのだろうか。最初の問を考える上でヒントになるのが、P. スロビックの感情ヒューリスティックスの理論である。

P. スロビック（Slovic et.al 2004）は、思考プロセスを分析的思考と経験的思考という2種類のプロセスが併存する2重思考プロセス（dual-process of thinking）のモデルを提唱している。分析的思考は、科学的思考を範例とする思考過程で、分析的な記号を用いた、論理的推論、および証拠に基づく正当化を特徴とする。これに対して、経験的思考は、イメージ、メタファー、物語を用いた連想、連結を特徴としている。分析的思考において重要な役割をはたすのが論理計算であるとすれば、経験的思考において重要な役割を果たすのは感情ヒューリスティックスである。

彼は、イメージには必ずポジティブあるいはネガティブな感情（feeling）が結びついており、このイメージに結び付けられた感情（feeling）のことをaffect と呼んでいる。日本語では、feeling と affect を区別する言葉がないので、誤解が生じない限り affect も感情と呼ぶことにする。有限の計算能力しか持たない人間は、限定合理的な存在である。そこで、限定合理的な人間が、より合理的になるためには、問題解決に必要な計算処理負荷を何らかの形で削減する必要がある。この計算処理負荷削減の方法は、ヒューリスティックスとよばれている。分析的思考と経験的思考は、どちらもより合理的であるためには、ヒューリスティックスに依存せざるをえない。特に、経験的思考においては、感情（affect）が思考をガイドする手がかりとしての役割を担っているとし、これを感情ヒューリスティックスと呼んでいる。現実世

界には、分析的思考では一定時間内に解答を出せない多くの問題がある。こういった問題であっても、経験的に解を出すことはしばしば可能である。感情ヒューリスティックスが人類進化の過程で淘汰されてきた情報処理負荷削減の手法であるからである。経験的思考は、感情ヒューリスティックスに依拠した思考プロセスである。その意味で、合理性を有する思考プロセスということができる。

さらに、P. スロビックは、感情は、分析的思考を阻害することはなく、むしろ感情が適切に付与されることで、経験的思考と分析的思考が相互補完的に働くとしている。両者が相互補完的に結びつき統合的な判断が形成されれば、より良い結果をもたらすとも述べている。経験的思考は非合理的で分析的思考に劣るという近代的な合理性観に対して、経験的思考も合理性を持つとしてその価値を再評価している点、さらに両者が相互補完的に働く可能性について言及している点で、P. スロビックと J. ハバーマスは同じ立ち位置に立っていることがわかる。

P. スロビックの理論のユニークな点は、哲学的な合理性論を認知心理学的なメカニズムと関連付けたことにある。我々が唯一無二の存在であるとの認識の根源には、経験にともない湧き上がってくる感情が深くかかわっている。近代合理性が、真実性判断領域から切り離された原因は、感情と結びついたイメージを合理的判断の領域から排除したことにある。感情ヒューリスティックスというアイデアによって、真実性判断と他の二つの合理性を再統合する道筋を示したことの意義は大きい。

最後に、分析的思考と経験的思考は、どのようなコミュニケーションの場で統合されるようになるのか考えてみたい。冒頭でもふれたように、現実のDPで観察される市民同士のコミュニケーションは、討議と呼べるほど理路整然としたものでは必ずしもない。どちらかといえば、他者の意見に触発されて、関連する意見を述べあうという井戸端会議に近い真実性を重視した談話スタイルとなっている。それにもかかわらず、DPに参加した市民は、真理性および正当性の観点からより合理的な判断に到達することが、多くの事例で確認されている。このことは、DPの手続きに従い構成された討議の場

が、感情ヒューリスティックスが働く場となっていることを示していると思われる。以下、2015 年 3 月に、我々が行った高レベル放射性廃棄物処分方法についての DP の結果を紹介しながら、このことについて確認してみたい。

5. 高レベル放射性廃棄物処分方法をテーマとした Web DP の実験デザイン

まず、実験概要から手短に紹介したい。以下 DP の記述において、これまで、多くの討議民主主義論や DP の記述において使用されてきた用語法に従って、討議という言葉を、「議」と「話」の両側面をもつ「話し合い」とは区別せずに使用する。

実験は、2015 年 3 月に、日本初のオンライン上の DP として実施した。討議テーマは、高レベル放射性廃棄物処分方法についてである。日本政府は、2002 年に高レベル放射性廃棄物処分方法として地層処分を採用することを決定した。地層処分は、原子力発電後の使用済み核燃料からプルトニウムなどの使用可能な成分を抽出したあとの残留物をガラス固化体に加工し、地下 300m 以深の岩盤層に隔離するという方法である。しかし、その後 10 年以上にわたって、最終処分地が決まらないという状況が続いたために、日本原子力委員会は日本学術会議に対して、合意形成方法について検討を行うよう依頼した。日本学術会議は、具体的処分方法や処分地の決定の前に、核廃棄物の発生量を社会的に受け入れ可能な量について国民的な合意をすることが必要であり、そのもとで廃棄物の「総量管理」を行うこと、また、国民的な合意形成を行う期間は、使用済み核燃料を一時的に「暫定保管」し、その間に処分地選定のための国民的な議論を行うべきであるとの提言を 2012 年にまとめた。本実験では、地層処分と学術会議提案をめぐり討議を行い、討議前後の政策態度の変容を計測した。

実験は、2014 年 12 月から討議参加者の募集を開始し、2015 年 3 月 1 日に討議会を実施した。参加者は、インターネット調査会社 (株) ネオマーケティング登録のモニターから 125 名抽出した。抽出にあたっては、20 歳以

上有権者を母集団とし、参加者の年齢、性別、居住地の分布が、母集団の分布に近くなるように抽出した。抽出した125名に対して事前に会議システム接続チェックとリハーサルを実施し、その結果、辞退、技術的理由で参加できない者が14名、さらに、Web当日に、アクセスのあった111名中、通信回線の不安定など技術的な理由により、辞退者3名、午後のみ参加した者7名となり、午前午後通しですべての討議に参加した者は、101名となった。この101名を有効参加者として分析を行った。今回の参加者抽出方法は、無作為抽出ではない。より厳密な無作為抽出は可能ではあるが、効率的にWeb会議システムを使用できる有権者を抽出するために、今回の方法を採用した。年齢、性別、居住地分布に関して、概ね母集団分布に近い参加者となっている（坂野2017b）。

　実験は、DPの標準手続きに従って3回のアンケート調査、及び1回の討議会を以下の日程で行った。

① 2015年2月初旬　第1回アンケート（T1調査）
② 2015年3月1日　Web討議会
　・同日討議会直前　第2回アンケート（T2調査）
　・同日討議会直後　第3回アンケート（T3調査）

　T1、T2、T3の3時点で態度を比較できるように3回のアンケートは、同じ質問項目を使用している。なお、T1調査と同時期に、参加者と同様に、年齢、性別、居住地の分布が、母集団の分布に近くなるように1000名抽出し、コントロール群とした。尚、コントロール群には参加者と同一内容の質問紙調査のみを実施した。

　討議会参加者に対しては、T1調査実施後にA4版41頁の討議用資料を配布した。内容は、2部構成になっている。第I部「高レベル放射性廃棄物って何かご存じですか？」では、高レベル放射性廃棄物問題の背景と現在の政府方針である地層処分の考え方について整理し、第II部「高レベル放射性廃棄物の処分について考える」では、高レベル放射性廃棄物の処分方法を選

択するにあたっての論点を示した上で、それぞれの論点について賛成・反対両者からの意見を整理した。同資料は、東京工業大学坂野研究室が、日本学術会議社会学委員会討論型世論調査分科会の監修の下で作成した。参考にした情報は、経済産業省・資源エネルギー庁、及び原子力発電環境整備機構が公表している文書、及び立場を異にする専門家に対するインタビューをもとにしている。

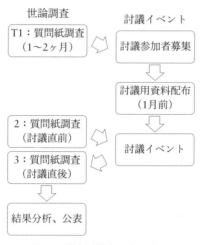

図 1　討論型世論調査の流れ

　次に討議会の概略について述べる。DP の標準手続きでは、討議会は、まず、①無作為抽出された討議会参加者（以下、参加者）を 15 人程度の少人数グループに分け討議を行う。グループ討議では、討議の最後にグループごとに専門家に対する質問を決める。②続いて、全グループが集まった全体会において、グループ代表と専門家の間で質疑応答を行う。通常、グループ討議、質疑応答セッションは、それぞれ 90 分程度行われる。このグループ討議＋質疑応答セッションをワンセットとして、これをサブテーマごとに繰り返す。今回の Web 討議会も、この形式を踏襲した。ただし、技術上の制約から、グループ規模を 6 名から 8 名とし、計 14 グループに参加者を分けた。また、ネット上で集中力を長時間にわたって維持することに懸念があっ

たため、グループ討議の時間は 75 分間とし、続く専門家との質疑を 70 分間とした。当日は、これを午前午後に分け、計 2 回繰り返した。専門家の人選は、討議テーマに対する立場の違いを反映するように各回 6 名とした。グループ討議のモデレーターは、日本ファシリテーション協会の会員に依頼し、Web 会議システムは、（株）V-Cube のシステムを用いた。尚、討議参加謝礼として、12,000 円に加えて、ヘッドセットの無償配布を行った。

6. 討議前後の政策判断構造の変化

これまで坂野（2013）は、政策態度の合理性を評価する方法として、政策判断構造が、事実判断と価値判断を政策態度にマッピングする関数と考え、討議前後における政策判断構造の変化を比較してきた。ある政策を実施することによって社会がどのような状態に変化するかは、事実判断の問題であり、変化した状態が望ましいか否かは、価値判断の問題である。政策判断は、事実判断と価値判断の組み合わせを、政策に対する選好順序に結びつける知的作業と捉えることができる。J. ハバーマスの用語法に従えば、真実性判断と正当性判断の 2 側面に着目した合理性判断の評価法に対応する。

今回の分析では、政策態度として、地層処分に対する態度、暫定保管に対する態度を計測している。高レベル放射能廃棄物処分の問題は、自然科学的なリスク評価とリスクが超長期に及ぶ際の倫理判断という二つの側面が絡み合った問題である。そこで、事実判断としては、長期（1 万年〜 10 万年）にわたって安全性を確保できるかどうかというリスク認識を計測した。価値判断に関しては、世代間公平性に関する二つの倫理判断（廃棄物を生み出した世代が自世代の責任と負担でこれを処理する「自世代処理の原則」と、将来世代がその時代の最新の知見に基づき処分方法を見直す選択の機会を残す「将来世代の選択の自由」）について意見を計測している。

地層処分が法定の処分方法に決定した背景には、地層処分は技術的に可能だという前提がある。これに対して、現在の科学的知見では、必ずしも安全な場所を特定できないという認識が、暫定保管の前提にある．もし、確実に

長期にわたって人間社会から隔離できるならば、将来世代が被る危険や負担をなくすことができるので、自世代処理の原則を貫くことが可能になる。しかし、リスクをゼロにできない可能性があるとすれば、将来世代がその時代の最新の知見に基づき処分方法を見直す選択の機会を残すことがむしろ、世代間の公平性を満たすことになる。すなわち、地層処分支持者と暫定保管支持者の判断構造の違いは、リスク判断において前者は肯定的で後者は否定的ないしは中立的であり、倫理判断において前者は自世代処理の原則を重視し、後者は次世代の選択機会を重視する傾向があると予想される．分析は、応募時(T1)、討議直前(T2)、討議直後(T3)の3時点における政策判断構造を回帰分析によって推定し、上記のような判断構造に近づくか否かを調べることとする。

　尚、今回の分析では、政策態度を説明する要因として、新たに廃棄物処分場のイメージと政策を提言している組織に対する信頼を加える事で、説明力が高まるか調べることとした。今回扱った高レベル放射性廃棄物処分方法は、数万年を超える長期のリスク判断と将来世代への責任が問われる問題である。直接的な経験をいかすことも想像することもできないために、市民が現実感をもって判断を下すことが困難な問題である。後の分析結果は、そういった困難があるにもかかわらず、討議をすることでより合理的な判断が形成されたことを示唆している。感情ヒューリスティックスが働くようになったことを示しているのではないかと仮説的に考えたためである。

　もし、感情ヒューリスティックスが働くようになったのであれば、討議を経ることで、①イメージや信頼の影響力は強まる、②事実判断、倫理判断、政策態度から推定される政策判断の分析的側面は、イメージや信頼の影響力が強まっても構造的には変わらない（合理性は、経験的思考によって阻害されない）ことが予想される。

6.1　分析的思考モデルにもとづく政策判断構造の変化

　表1は、被説明変数をそれぞれ、地層処分と暫定保管に対する態度を、説明変数として、リスク認識、自世代処理の原則、将来世代選択の機会、お

よび原子力発電への依存度見直しに対する考えを用いて重回帰分析を行った結果である。回答は、いずれも「賛成する」を「1」、「反対する」を「7」、中間の意見を「4」とする7件法で聞いている。分析には、尺度を反転させた値を用いている。また、リスク認識については、火山、地震、地下水、戦争、建設事故の五つの危険それぞれについて、現在の科学技術によって回避できると思うか聞いている。「回避できると思う」を「1」、「回避できないと思う」を「7」、中間の意見を「4」とする7件法で聞いている。分析には、尺度を反転させたうえで、合計得点を計算し、リスク回避に対する認識の程度を補足する尺度として用いた。尚、この五つのリスク認識は相関が高いため、探索的因子分析を行ったところ、固有値1以上の因子は一つであることがわかっている。原発依存度見直し態度は、廃棄物総量が社会的な受け入れ可能量を超過した時には、原子力発電への依存度も見直すべきかどうかについて聞いたもので、もともとは、学術会議が提案する総量管理の考え方に含意される意見である。世代間公平性とは異なるものの、暫定保管に対する態度を決定するうえで重要な影響をもつ判断と考えられるため、ここでは倫理判断の一つとして説明変数に加えた。

表1　各政策態度に対する判断構造の分析

			地層処分態度			暫定保管態度		
			T1	T2	T3	T1	T2	T3
			係数	係数	係数	係数	係数	係数
分析的思考	事実判断	リスク回避認識	0.097***	0.087***	0.147***	−0.045**	−0.027	−0.002
			(0.020)	(0.023)	(0.023)	(0.021)	(0.022)	(0.023)
	倫理判断	原発依存度見直し態度	−0.073	−0.117	0.189	−0.076	0.291***	0.327***
			(0.091)	(0.108)	(0.116)	(0.098)	(0.104)	(0.115)
		自世代処理の原則	−0.393***	−0.097	0.078	0.327***	0.190**	0.110
			(0.077)	(0.095)	(0.107)	(0.082)	(0.092)	(0.107)
		将来世代選択機会	0.117	0.232**	0.085	0.103	0.265**	0.186*
			(0.115)	(0.108)	(0.113)	(0.124)	(0.104)	(0.111)
(定数項)			4.063***	2.611**	0.010	3.891***	1.431	2.032
			(0.845)	(0.996)	(1.300)	(0.910)	(0.958)	(1.288)
調整済み決定係数			0.382	0.231	0.302	0.180	0.290	0.100
AIC			285.012	283.478	328.583	293.927	284.626	327.000
N			84	82	87	83	84	87

***$p < 0.01$, **$p < 0.05$, *$p < 0.1$ 括弧内は標準偏差

分析の結果、地層処分と暫定保管どちらも、それらを説明する要因が、T1、T2、T3で変化していることがわかる。唯一安定した影響力を持っているのは、リスク回避認識が地層処分を支持する要因となっていることのみである。一方、同変数は、T1時点では、暫定保管不支持の理由として有意な効果を持っていたものの、T2、T3では、暫定保管の支持、不支持には影響を与えなくなる。暫定保管の問題が、事実問題ではなく、より倫理的な問題ととらえられるようになったことを示している。また、表からわかるように、T1、T2時点で地層処分、暫定保管支持の根拠と一致しない要因が有意な効果を示していたが、T3ではなくなった。このことから、政策判断が、討議を経ることで真実性判断、および正当性判断の観点からより合理的な根拠にもとづくようになったことがわかる。

6.2 分析的思考と経験的思考の統合モデルにもとづく政策判断構造の推定

表2は、政策判断における、感情反応の影響を見るために、高レベル放射性廃棄物処分場が居住地内に立地したときにどのように感じるかそのイメージを聞いている3つの設問（不安に感じる、地域イメージが低下する、将来に禍根を残す）および、経済産業省と日本学術会議に対する信頼を説明変数に加えて分析行った結果である。イメージに関する設問は、回答者の居住地に処分場設置が決まったとして、どのように感じるか聞いており、回答はいずれも「そう思う」を「1」、「そう思わない」を「7」、中間の意見を「4」とする7件法で聞いている。また、信頼については、各組織団体に対して、「信頼できる」を「1」、「信頼出来ない」を「7」、中間の意見を「4」とする7件法で聞いている。分析時に尺度は全て反転して使用している。推計にあたっては、事実判断と倫理判断として先に用いた4説明変数のモデルをベースにして、新たにイメージ3変数と信頼2変数を追加投入変数候補として用い、ステップワイズ法（変数減少法）によって適合度の高いモデルを探した。表にはその結果を示してある。

イメージと信頼を説明変数に加えるとAIC基準でみたモデル適合度が

185 第10章 感情ヒューリスティックスとミニ・パブリックス

表 2　経験的思考（感情反応）を含めた政策判断構造の分析

			地層処分態度			暫定保管態度		
			T1	T2	T3	T1	T2	T3
			係数	係数	係数	係数	係数	係数
分析的思考	事実判断	リスク回避認識	0.105*** (0.026)	0.059** (0.025)	0.097*** (0.025)	0.001 (0.027)	-0.008 (0.026)	0.005 (0.022)
	倫理判断	原発依存度見直し態度	-0.074 (0.092)	-0.069 (0.109)	0.239** (0.108)	-0.013 (0.102)	0.296** (0.113)	0.262** (0.100)
		自世代処理の原則	-0.411*** (0.084)	-0.021 (0.095)	0.189* (0.103)	0.277*** (0.092)	0.147 (0.114)	0.030 (0.089)
		将来世代選択機会	0.115 (0.116)	0.209** (0.105)	0.024 (0.105)	0.149 (0.123)	0.343*** (0.110)	0.194* (0.099)
経験的思考	イメージ	処分場受入(不安感)	—	—	—	0.388*** (0.112)	-0.038 (0.098)	-0.145 (0.088)
		処分場受入(地域イメージ低下)	—	—	—	-0.093 (0.142)	-0.065 (0.130)	-0.537*** (0.147)
		処分場受入(将来への禍根)	0.061 (0.120)	-0.294*** (0.102)	-0.421*** (0.107)	0.051 (0.166)	0.220* (0.124)	0.716*** (0.136)
	信頼	信頼(経済産業省)	—	—	—	-0.038 (0.130)	-0.108 (0.146)	-0.247** (0.108)
		信頼(学術会議)	—	—	—	-0.100 (0.148)	0.219 (0.133)	0.553*** (0.106)
(定数項)			3.706*** (1.144)	4.032*** (1.165)	2.345* (1.338)	1.304 (1.416)	-0.230 (1.262)	1.237 (1.282)
調整済み決定係数			0.376	0.302	0.407	0.301	0.350	0.438
AIC			284.442	273.868	315.415	266.433	274.191	288.248
N			83	81	87	77	81	86

$***p<0.01, **p<0.05, *p<0.1$ 括弧内は標準偏差

T1、T2、T3 のどの時点でも高くなること、感情反応を加えても事実判断と倫理判断の T3 時点での影響は原発依存度見直し態度が地層処分賛成の有意な要因になったことを除き変わらないこと、イメージ及び信頼の影響は討議後最も大きくなることがわかる。これらの結果は、討議の結果、経験的な思考が政策判断により大きなウェイトを占めるようになったこと、並びに、経験的な思考は分析的な思考を必ずしも阻害しないことを示している。

　また、イメージと信頼の影響は、地層処分に比べて、暫定保管に対する態度により強く影響していることがわかる。暫定保管に対しては、リスク回避認識は有意な影響を持たないこともわかった。暫定保管の是非が、事実問題ではなく、倫理や、信頼、イメージの問題として捉えられるようになったこ

とがわかる。

7. まとめ

　ミニ・パブリックスを政策形成に役立てようとのアイデアが注目されてから、社会実験が世界各国で行われてきた。しかし、その社会的影響力は当初の期待ほど高まってはいない。ミニ・パブリックスの有用性は、理論上は、代表性と合理性に関する前提に依拠している。同手法がなかなか社会に広まらない理由の一つは、ミニ・パブリックスで形成された意見の有用性を示す実証的な証拠が示されていないことにある。代表性に関して言えば、討議による意見変容を前提にした時に、従来世論調査で使われてきた社会・経済的特徴から見た代表性に依拠することが妥当かどうか、もし妥当でないとするならば代表性概念をどのように変えるべきかという根本問題がまだ解決していない。合理性に関しては、討議の結果形成された意見が合理的かどうかをどのように評価しうるのか、研究者の間で合意された方法はないのが現状である。

　さらに討議民主主義に対する批判の一つに、討議という形式のディスコースは、感情や情念を軽視しているというものがある。経験的にも、ミニ・パブリックスで行われるコミュニケーションは、論理性の高い討議からは程遠いという側面がある。それにもかかわらず、無作為抽出された市民同士が言葉を交わすことによって、学習が進むとすれば、それがどのようなメカニズムによってなのか明らかにすることは重要な課題である。そこで、本章では、P. スロビックの提唱する 2 重思考モデルに着目した。同モデルでは、思考過程を分析的思考と感情ヒューリスティックスが重要な働きをする経験的思考に二分し、両思考が並行して進行し、経験的思考と分析的思考が対立するのではなく、相互補完的に作用する可能性を示唆している。今回の分析では、政策判断構造に、経験的思考の要素を取り入れるべく、廃棄物処分場に対するイメージと信頼を説明変数に加えて分析を行った。その結果、両変数を加える事がモデル適合度を改善し、しかも、両変数を加えても分析的変数

の影響はほぼ変化しないことが確認された。市民にとって、数万年先まで影響の及ぶ高レベル放射性廃棄物の問題を考えることは、困難な課題である。分析的思考は、資料を読んだり、専門家の話を一方的に聞くだけではなかなか作動しにくい。しかし、市民同士の討議に参加することは、学習を促進する。その理由は、市民同士の討議に参加することによって、感情ヒューリスティックスが作動し、経験的思考と分析的思考が相互補完的に働くようになったからではないだろうか。今回の結果は、直接的には、同メカニズムが作動したことを示すものではないが、それを示唆するものと考えている。感情ヒューリスティックスは、分析的思考と経験的思考を媒介する重要な役割を担っている。J. ハバーマスの用語法で言い換えれば、近代化に伴って分裂した真理性判断、正当性判断、真実性判断の再統合にとって要となることを示唆している。

注

1　日本における DP の評価については、坂野(2013)、また曽根他(2013)参照。

2　J. Habermas (1998)では、討議的合理性(discursive rationality)とコミュニケーション的合理性(communicative rationality)は区別して用いられている。しかし、J. Habermas (1975)では、討議的に形成された意思の合理性(rationality of discursively formed will)について触れており、この時点での記述からは、コミュニケーション的合理性との違いを明確に見出すことは難しい。M. Warren (1993)は、このことを引用して、Habermas の主張の最も興味深い点は、理想的なコミュニケーションコミュニティでは、個人の自律性と集合的意思が同時に形成され、両者のずれがなくなるとしている点であると指摘している。また、討議的合理性という用語は、少数の研究者にしか使われていないものの、コミュニケーション的合理性に対する関心が高まってから、ほぼ同義の概念として使われようになっている。この点については、J. Dryzek (1990)を参照。これらのことから、本章では、コミュニケーション的合理性とほぼ同義の用語として、討議的合理性という言葉を用いている。

参考文献

坂野達郎(2010)「討議民主主義手法としてのDPの意義と課題―神奈川DPから見えてきたこと」『計画行政』33(3)：pp.21–28.

坂野達郎(2011)「第7章 討議型意識調査手法『Deliberative Poll』の実験」猪原健弘編著『合意形成学』pp.141–159. 勁草書房

坂野達郎(2012)「第1章 討議型世論調査DP―民意の変容を世論調査で確かめる」篠原一編著『討議デモクラシーの挑戦』pp.3–31. 岩波書店

坂野達郎(2013)「ミニ・パブリックスを活用した討議デモクラシーの可能性：神奈川県Deliberative Poll実験を題材にして」『公共選択』59：pp.48–65.

坂野達郎(2014)「ミニ・パブリックスに映し出される集合的意思の代表制と合理性」『選挙研究』30(1)：pp.44–55.

坂野達郎(2017a)「第16章討論型世論調査―反実仮想の世論形成装置」遠藤薫編著『ソーシャルメディアと〈世論〉形成』pp.239–250. 東京電機大学出版局

坂野達郎(2017b)「討論型世論調査をめぐって―『高レベル放射性廃棄物の処分をテーマとしたWeb上の討論型世論調査』のシンポジウムから(2)」『日本原子力学会誌』59(5)：pp.268–272.

篠原一(2007)『歴史政治学とデモクラシー』岩波書店

篠原一(2010)「民主主義の理論と現実」『計画行政』33(3)：pp.3–8.

篠原一(2012)「終章 若干の理論的考察」篠原一編著『討議デモクラシーの挑戦』pp.233–256. 岩波書店

曽根泰教・柳瀬昇・上木原弘修・島田圭介(2013)『「学ぶ、考える、話し合う」討論型世論調査』木楽舎

千葉芳夫(1998)「コミュニケーション的合理性と目的合理性」『社会学部論集』佛教大学、第31号：pp.89–103.

Cohen, J. (1989). Deliberation and Democratic Legitimacy. in Hamilin, A. and Pettit, Ph. Eds., *The Good Polity,* Oxford: Praeger Publishers.

Cohen, J. and Sabel, C. (1997). Directly-Deliberative polyarchy. *European Law Journal,* 3(4): pp.313–342.

Davies, B. B., Blackstock, K., and Rauschmayer, F. (2005). 'Recruitment', 'composition', and 'mandate' issues in deliberative processes: should we focus on arguments rather than individuals?. *Environment and Planning C:Government and Policy,* 23(4): pp.599–615.

Dryzek, J. S. (1990). Discursive Democracy: Politics Policy and Political Science, Cambridge University Press.

Fishkin, J. S. (2009). *When the People Speak: Deliberation democracy and public con-*

sultation. Oxford: Oxford University Press（邦訳 曽根泰教監修（2011）『人々の声が響き会うとき』早川書房）

Fishkin, J. S., He, B., and Siu, A. (2006). Deliberative democracy in an unlikely place: Deliberative Polling in China. available http://cdd.stanford.edu/research/papers/2006/china-unlikely.pdf

Fishkin, J. S., and Luskin, R. C. (2004). Experimenting with a Democratic Ideal: Deliberative Polling and Public Opinion. Prepares for presentation at the Swiss Chair's Conference on Deliberation.

Habermas, J. (1975). *Legitimation crisis*, Princeton, NJ: Princeton Univ. Press.

Habermas, J. (1990). Morality and Ethical Life: Does Hegel's Critique of Kant Apply to Discourse Ethics?. in J. Habermas (translated by C. Lenhardt and S.W.Nicholson), *Moral Consciousness and Communicative Action*, The MIT Press

Habermas, J. (1996). Three Normative Models of Democracy. in Benhabib ed. *Democracy and Différence.*

Habermas, J. (1998). Some Futher Clarifications of the Concept of Communicative Rationality, in Ed. by M. Cooke, On the Pragmatics of Communication, The MIT Press

Hobson, K., and Niemeyer, S. (2011). Public responses to climate change: The role of deliberation in building capacity for adaptive action. *Global Environmental Change,* 21(3): pp.957–971.

Iyengar, S., Luskin, R. C., and Fishkin, J. S. (2003). Facilitating informed public opinion: evidence from face-to-face and online deliberative polls. *Annual Meeting of the American Political Science Association,* Philadelphia, PA.

Iyengar, S., Luskin, R. C., and Fishkin, A. J. (2004). Deliberative public opinion in presidential primaries. *Voice and citizenship conference.*

Karpowitz, C. F., Mendelberg, T., Shaker, L. (2012). Gender inequality in deliberative participation. *American Political Science Review*, 106(03): pp.533–547.

Karpowitz, C. F., and Mendelberg, T. (2007). Group and deliberation. *Swiss Political Science Review*, 13(4): pp.645–662.

Luskin, R. C., Fishkin, J. S., and Jowell, R. (2002). Considered opinions: Deliberative polling in Britain. *British Journal of Political Science*, 32(03): pp.455–487.

Luskin, R. C., Fishkin, J. S., and Iyengar, S. (2004). Considered opinions on US foreign policy: Face-to-Face versus online deliberative polling. *International Communication Association,* New Orleans, LA, pp.1369–1387.

Siu, A. (2009). *Look Who's Talking*, Ph. D. Dissertation, Dept. of Communication, Stanford University.

Slovic, P., Finucane, M. L., Peters, E., & MacGregor, D. G. (2004). Risk as analysis and risk as feelings: Some thoughts about affect, reason, risk, and rationality. *Risk analysis*, 24(2): pp.311–322.

Smith, G. (2009). *Democratic Innovations: Designing Institutions for Citizen Participation*. Cambridge, Cambridge University Press.

Steiner, J., A. Bachtiger, M. Sporndli, and M. Steenbergen (2003). *Deliberative Politics in Action*. Cambridge, Cambridge University Press.

Stephenson, W. (1953). *The study of behavior: Q-technique and its methodology*. Chicago: University of Chicago Press.

Sunstein, C. R. (2002). The law of group polarization. *Journal of political philosophy*, 10(2): pp.175–195.

Warren, M. E. (1993). Can Participatory Democracy Produce Better Selves? Psychological Dimensions of Habermas's Discursive Model of Democracy. *Political Psychology* vol.14, No.2, pp.209–234.

第11章

妥協を正しく位置づける

佐野　亘

私と話し合いとのかかわり

　私の専門は政治学・公共政策学です。もともとはどちらかというと理論的なことを研究してきました。民主主義とか自由主義とか、そういったことです。ただ、大学で教えるようになって実際に政治や政策の現場で活躍したり苦労したりされている方の話を伺うことが増えるにつれて、徐々に現実の政策プロセスのあり方にも関心を持つようになりました。従来、政治学の世界では、政治は「争いの場」として描かれるか、あるいは理想の熟議がおこなわれるべき場として捉えられてきたので、現実におこなわれている話し合いの実態にはあまり注意が払われてきませんでした。けれども、政治や公共政策の現場では、単なる交渉や取引とは異なるけれども、かといって理想の熟議とも違う、独特のコミュニケーション（＝話し合い）がおこなわれていることがわかってきました。これからの民主主義と公共政策を考えるうえで、重要なテーマだと思っています。

要旨

　通常、話し合いにおいては合意が目指されるが、その中身はさまざまである。本章では合意のなかでも特に妥協に焦点を当て、その意義について考える。一般に妥協は悪いものとされているが、その理由は、道徳的に好ましくない、とか、社会の停滞を招く、といったものである。だが、妥協には確かに好ましくない面があるものの、必ずしも常に不適切というわけではない。というのも、第一に、不適切とされる理由のいくつかは必ずしも当たっていない。第二に、妥協は、他者の尊重や紛争の抑制など、社会的に好ましい特質も有している。むしろ重要なことは、どのような状況や場面において妥協が適切／不適切であるかを判断することだと思われる。

1. 合意としての妥協

　一般に「話し合い」においては参加者同士の合意が目指される。対話や会話や「おしゃべり」においては、結果的に合意が成立することがあるとしても、それが直接目指されるわけではない。また、ディベートや論争においては、相手を理屈でやり込めることが重視され、最終的な「勝ち負け」は決まるとしても、必ずしも合意が実現されるわけではない。これに対して「話し合い」は、最終的に合意が達成できなかったとしても、基本的には合意が目指され、なんらかの結論を出す（合意できないことも含めて）ことを期待しておこなわれるのがふつうである。

　では、ここで「合意」とはなんだろうか。話し合いが合意を目指しておこなわれるのだとすれば、そもそも合意とは何かを先に明らかにしておく必要があるだろう。というのもひとことで「合意」といっても、その内容はさまざまであり、いかなる合意を目指すかによって、なにをもって「よい話し合い」とするかも違ってくるからである。

　そこで本章では、マーチン・ベンジャミンの議論をもとに、合意を次のように分類・整理して考えることにしたい（cf. Benjamin 1995）。

・完全な合意
・重なりあう合意
・妥協
・多数決

　おおまかに言えば、上から下の順に「ゆるい」合意になっている。以下、簡単に説明しよう。

　もっとも厳格・厳密な意味での合意は、結論だけでなく結論に至る理由や根拠も完全に一致しているような合意であり、これをベンジャミンは「完全な合意（complete consensus）」と呼んでいる。ハーバーマスなどが想定する理想的合意を思い浮かべることもできるだろう。ただし、現実にはこのよう

な深いレベルの合意が実現されることは稀であり、それゆえ実際には、理由
や根拠づけはともかく最終的な結論だけは一致する「重なりあう合意（over-
lapping consensus）」が目指されることが多い。たとえば、あるひとは人権
を重視し、別のひとは経済成長を重視するが、両者そろって奴隷制に反対す
る、ということがありうる。このような意味での合意はじつは一般的であ
り、むしろほとんどの合意はこのようなものである。じつのところ、抽象的
な理念や価値、原理のレベルでは合意できなくても、具体的な個別のケース
については合意できることが少なくない（もちろん逆もある）。なお、この点
については「決疑論（casuistry）」の議論が参考になるだろう。というのも、
決疑論と呼ばれる議論においては、個別具体的な問題を解決するうえで、そ
もそも人権や経済成長といった理念や価値に訴える必要はない、とされるか
らである。典型的なケースに対する「答え」（合意）が存在するならば、それ
を踏まえて典型から外れる特殊事例についての答えを導き出せばよく、した
がって抽象的な理念や原理にもとづく議論は必要ない、というのである。も
ともと決疑論は、カトリック教会における信者の告解に対する神父の対応例
の積み重ねから出てきたものであり、英語で"case ethics"と訳されること
もある。法律の分野における判例主義の考え方にも通じるものといえる（cf.
Jonsen and Toulmin 1990）。

　三つ目の「妥協（compromise）」は「重なりあう合意」よりもさらにゆる
い合意であり、結論を導き出すための理由や根拠だけでなく、結論そのもの
についてもぴったり一致した合意が実現できず、それゆえ、参加者同士が互
いに自分にとって重要な価値や利害をいくらか諦めたり犠牲にしたりして、
相互に譲り合うかたちで合意が形成されるようなケースを指す。日本語で
「妥協」というと、どちらか一方の主体が一方的に諦めたり譲ったりするこ
とを意味することもあるが、ここでは「相互に譲りあう」とか「足して二で
割る」といったケースを想定している。そもそも"compromise"は「com
＋promise」であり、「互いに約束する」というのがその語源である。日本語
では「すりあわせ」とか「折り合い」、「歩み寄り」といったことばに近いと
いえる。

最後の四つ目が「多数決」で、ベンジャミンはこれを「手続的な妥協」と呼んでいる。最終的に全員一致の合意は実現できそうもないので、最後は多数決で決めることを互いに合意するということである。

以上四つのタイプの合意が存在するとして、一般に、もっとも理想的な合意は最初に挙げた「完全な合意」であると考えられている。あるいは、「完全な合意」は現実には実現しがたいと考える人々は、「重なりあう合意」を次善の理想とすることが多い。だが、本章では、あえて三つ目の「妥協」を積極的に評価したい。多くの人は「完全な合意」や「重なりあう合意」を理想とするものの、それらは現実には難しいので最終的には多数決で決めるしかない、と考えがちである。しかしながら、そもそも「完全な合意」や「重なりあう合意」がそれほど望ましいものかどうかはよくわからないうえ、こうした理想の合意が不可能だからといって、妥協を目指すことなくすぐに多数決に訴えるのが正しいとは思われない。現実にはわれわれは日々さまざまな妥協を重ねているが、それは汚いもの悪いものと見られがちである。だが妥協は必ずしもそのように否定的にのみ評価されるべきものとは思われない。とりわけ近年は、白黒はっきりつけることが評価されやすく、単純な善悪二元論を支持するひとが増えている印象があるが、中途半端だったりあいまいだったりすることは必ずしも全面的に否定されるべきではない。とりわけ、話し合いという日常的な社会実践において、単に「筋を通す」ことだけが評価されることはありえない。以下では話し合いにおける「合意としての妥協」のもつ意味について、さらに詳しく考えてみることにしたい。

2. 妥協とは何か

ここで、妥協に関する先行研究について少し触れておこう。

まず、思想史的には、フムレスクが、ヨーロッパ、特にイギリスとフランスにおける妥協の位置づけの違いをめぐって、詳細な議論を展開している（Fumurescu 2013）。彼によれば、ヨーロッパにおいては 16 世紀頃から現在のような意味で compromise ということばが使われるようになったが、それ

以来イギリスでは 19 世紀後半まで一貫して肯定的な意味で使われたのに対し、フランスでは 16 世紀後半から一貫して悪い意味で用いられてきたという。フムレスクは、このような違いが生じた理由を、社会と個人の関係の捉え方がイギリスとフランスでは大きく異なることに求めている。イギリスでは個人の行動に焦点をあてる「外面の法廷(forum externum)」が重視されたのに対し、フランスでは個人の良心に関わる「内面の法廷(forum internum)」が重視され、その結果、イギリスでは具体的な諸個人による「一般化された妥協」として社会契約が捉えられたのに対し、フランスでは「人民(the people)」という抽象的集合体の理性的合意として社会契約が捉えられたという。そして、彼によれば、それゆえにこそフランスにおいては妥協は否定的に評価されたというのである[1]。

こうした思想史的な研究に対して、規範理論の分野においては、レポラが妥協について以下のような整理をおこなっている。彼女によると、価値や規範に関する妥協は以下の三つのパターンに分類できる(Lepora 2011)。

①置換型妥協(substitution compromise)

主体 1 は {A, B, C, D} という四つの規範原理を持っているのに対して、主体 2 は {E, F, G, H} という原理を持っている。この状況のもとで、{A, B, C, D} とも {E, F, G, H} とも異なる {X} という原理を採用することで合意する。

②重複型妥協(intersection compromise)

主体 1 は {I, J, K, L} の原理を、主体 2 は {K, L, M, N} の原理を有する状況で、{K・L} についてのみ合意する。

③結合型妥協(conjunction compromise)

{O, P, Q, R} と {not-O, not-P, not-Q, not-R} という互いに真逆の原理を有している者同士のあいだで、{O, P, not-Q, not-R} という四つの原理を採用することで合意する。

以上のように、レポラは、ひとことで価値や規範に関する妥協といっても

複数のタイプがあることを指摘する。また同時に、妥協のタイプによって妥協の当事者にとっての道徳的責任の範囲が異なってくるという。たとえば、結合型妥協の場合、みずからが正しいと考える規範原理に反する原理を含んだ内容について合意をすることになり、結果的に、妥協の相手方の「不道徳な行為」を容認することになる。それに対して、置換型妥協の場合は、当事者それぞれの原理に反する要素は含まれておらず、その意味では道徳的責任は軽いといえる。

　最後に、社会心理学の観点からの議論も簡単に紹介しておこう。コンフリクト・マネージメントに関する議論で有名なトーマスとキルマンは、紛争が起こった際の主体間の関係を、協調・競争・受容・回避・妥協という五つのパターンに分類した（Thomas and Kilmann 1974）。すなわち、互いに自分と相手の利害を同時に実現しようとする関係が「協調」、それぞれ自分の利害だけを実現しようとする状態が「競争」、自分の利害をおさえて相手の要求を受け入れるような関係を「受容」、そもそも関係すること自体を避けようとする状態を「回避」、互いに自分の利害を少しずつおさえて紛争を解決することを「妥協」と呼んでいる。こうした整理は言うまでもなく、妥協を利害や要求、あるいは感情や態度のレベルで理解するものであるといえる。

　以上の先行研究はいずれも興味深いものであり、それぞれの観点から妥協のある側面を捉えていると考えられる。ただ、その一方で、特定の場面や状況を前提に、限定されたアプローチで妥協を捉えている点でやや物足りない。そこで以下では、以上の議論を踏まえつつ、おおまかに、以下のようなものとして妥協を捉えておくことにしたい。

　まず、妥協は、単なる取引や win-win の関係を指すものではない。現実には、取引と妥協を区別するのは難しいし、妥協に取引の要素が混入することは少なくないが、基本的には「別のもの」として考えたい。先に述べたように、妥協には「すりあわせ」や「譲り合い」の側面があり、たとえばミカンとリンゴの交換のようなものとはまったく異なるからである。したがって基本的にログローリングのようなものは妥協と呼ばないことにしよう。また

それと同時に、妥協は関係者間の単なる力の均衡でもない。一種の「暫定協定（modus vivendi）」として妥協を捉える議論もあるが、これは単なるパワーバランスの現れであって、妥協とは呼べないと考える。しかし他方で、妥協は純粋に公平な裁定といったものでもない。そもそも関係者にとって完全に公平な決定というものがありうるとすれば、それは正義の実現にほかならず、妥協と呼ぶ必要はないからである。なお、上に見たように、妥協は利害に関わるものであることもあれば、価値や道徳に関わることもある。そもそも「問題」の多くは、人々の利害や価値観が対立することによって生じるが、それらは通常複雑に絡み合っており、明確に区別できない。したがって、妥協は価値も利害も両方含みこんだものになることが多く、ときに、一方は価値や道徳の観点から譲り、他方は利害について譲る、ということもありうる。

　こうして考えてくると、妥協はかなりあいまいで中途半端なものであることが理解されよう。自分にとって重要な利害や価値をいくらか犠牲にしつつ相手の利害や価値に配慮するが、だからといって自分自身の利害や価値を完全に否定するわけでもない。また結果的に、完全に公平な結論がでるとも限らない、そういうタイプの合意として妥協を理解しておくことにしよう。それゆえ、妥協にもとづく結論はたいてい筋の通ったものにならず、ときに「玉虫色の合意」とか「同床異夢」と呼ばれる。

　しかし、では、なぜこのようなあいまいで中途半端な合意である妥協をあえて肯定的に評価する必要があるのだろうか。

3.　妥協に対する批判とそれへの応答

　あらためて言うまでもなく、一般に妥協は否定的に評価されている。その理由はおおむね以下のようなものであると考えられる。

　第一に、妥協は倫理的・道徳的に「汚い」ものであり、ひととしての「誠実さ（integrity）」を損なうものである。筋を通した結果、何も手に入らないのはやむを得ないが、妥協して大事なものを「売り渡し」、わずかばかりの

「成果」を手に入れるのは卑しいことではないだろうか。第二に、世の中には「譲ってはいけないこと」や「絶対に正しいこと」が存在するにもかかわらず、妥協はそれらを軽視し、踏みにじるものである。いわゆる「枝葉の問題」についてはともかく、重要な価値や利害、原理に関することについては、明らかな「正解」がわかっているなら、なぜ妥協する必要があるのだろうか。第三に、妥協は、正しさを犠牲にして、みずからの保身を優先するものに他ならない。妥協は、つまるところ、自分の立場や利害を守るためのものにすぎないのではないだろうか。第四に、日本の文脈においては、妥協は、相手からの押し付けをやむなく受けいれたり、自分から一方的に諦めたりすることとして理解されることが多い。妥協がもしこのようなものだとしたら、確かにそれは誰しも避けたいことであるし、道徳的にも好ましくないだろう。第五に、妥協は現実には既得権を優先し、社会を停滞に導き、結果的に社会の存続可能性そのものを失わせる危険がある、と主張されることもある。そして最後に、以上の妥協のイメージは、たとえば、政治家による「密室の談合」のようなものと結び付けられがちである。実際、妥協といえば、多くの人は政治や政治家を思い浮かべるだろう。よく知られているとおり、政治は長らく「妥協のアート（art of compromise）」とすら呼ばれてきたのである。

　以上の指摘はいずれももっともな面があるが、必ずしもそのすべてが妥当であるとはいえないし、批判すべき妥協が存在するのは確かであるとしても、妥協にはそれ独自の積極的意義があると考えられる。以下、順をおって説明しよう。

　第一に、先に紹介したベンジャミンによれば、妥協は必ずしも「誠実さ（integrity）」を損なうとは限らない（Benjamin 1990）。そもそもわれわれは日常的に私的な場面においてつねに妥協しながら生活している。たとえば、われわれの多くは、仕事も家庭も趣味も友人も同じように大切にしているが、これらはつねに両立するわけではなく、ときに悩みつつ、なんとかそのときどきでバランスをとって生きている。正解としての「ベスト・バランス」があるわけではなく、複数の価値のあいだでどうにか折り合いを付けな

がら、なんとか生活しているわけである。つねに仕事優先とか、つねに家庭優先というのはわかりやすいが、こういう生き方だけが「筋の通った」誠実な生き方であるとは限らない。こうした微妙なバランスは、首尾一貫した論理にもとづいて正当化できるわけではないが、実際には、「これくらいならOK」という判断はありうるし、それはそれなりに納得できるものでありうる。そしてベンジャミンによれば、われわれは、このように個人のなかでさまざまな価値や原理、利害のあいだで折り合いを付けて生活しているのと同様、社会のなかでも他者と折り合いを付けながら生活しているというのである。

　第二に、正解がわかっているなら妥協する必要はないという批判だが、確かにときにそうしたケースがあることは否定できない。深刻な人権侵害につながることや科学的真理に関わることは、良心に誓って絶対に譲れない、ということがありうる。だが、そうした極限的なケースを除いて、とりわけ政治や政策に関わることで、唯一絶対の正解が存在することはむしろ稀である。逆にいえば、政治の世界にも正解があると考えるひとにとっては、妥協は許しがたいものと捉えられるだろう。たとえば、19世紀末になると、ジョン・モーリーやJ・S・ミルなど、イギリスでも妥協を否定的に捉える論者が現れるが、その背景には進歩主義的な歴史観が存在する（遠山 2013）。同様に、マルクス主義的歴史観にもとづいて必ず革命が起こると考える人々にとっても妥協は無用であり、いわゆる「改良主義」として批判されるだろう。いずれも、世の中は正しい方向に進歩・発展していくものであり、科学的真理としてその事実を正確に把握すれば、政治の世界においても正解を発見できる、とする考え方にもとづいている。しかしながら、21世紀に生きるわれわれは、こうした進歩主義者やマルクス主義者たちの見方があまりにも一面的で、どちらかといえば宗教的信仰に近いものであることを知っている。多くの場合正解が存在しないとすれば、われわれはさしあたりの答えで満足せざるをえないし、こうした世界に住んでいることを認識するならば、妥協の必要性もおのずから理解できるものと思われる。ちなみに、この点に関連して、ベンジャミンは社会生活における「判断（judgment）」の重要性

を指摘している。カントを持ち出すまでもなく、そもそも判断なるものは、単なる好み（taste）ではないが、かといって論証（proof）できるものでもない。しかし、議論することによってよりよいものにすることはできるものである。そしてベンジャミンによれば、妥協はまさに判断に関わるものであって、好みとも論証とも無縁であるという（Benjamin 1990）。妥協のもつあいまいさは、このような判断のあいまいさに根ざすものであると考えることができる。

　第三の、妥協は正しさよりも保身を優先するものではないか、という批判だが、これは妥協そのものに対する批判というより、とりわけ政治における私利の追求に対する批判として捉えるのが正しいだろう。もちろん現実には妥協と私利の追求が結びつくことは少なくないが、いちおうわけて考えたほうがよい。あるいは、好ましくない妥協のひとつとして考えたほうがよい。ただし、正しさよりも利害を優先することが、つねに絶対に許されないと言えるかといえば、必ずしもそうではないかもしれない。

　第四の妥協の日本的イメージに関しては、先に述べたとおり、本章では、このような意味で妥協を捉えていない。日本で妥協ということばがこのような意味で使われるようになった背景や理由は興味深く、あらためて考える必要があると思われるが、ここでは扱わないことにしたい。

　第五の批判、すなわち妥協は社会を停滞に導くとする批判だが、これは必ずしもそうとはいえないことを強調しておこう。関係者たちが互いに強硬に妥協を拒否することはむしろ結果的に完全な「行き詰まり」をもたらすことも少なくないからである。たとえば、ガットマンとトンプソンは、アメリカの政治状況について、近年の選挙キャンペーンの恒常化によって、妥協にもとづく合意が成立せず、結果的にアメリカ政治はますます膠着状態に陥っていると指摘している。アメリカの多くの政治家（およびその背後にいるアメリカ国民）は、「共通の基盤（common ground）」にもとづく原理的に首尾一貫した合意を過度に求めるため、結果的に「共通の善（common good）」が実現できなくなっているというのである。そして、こうした状況のもとではあらためて妥協の意義を訴える必要があると主張している（Gutmann and

Thompson 2013, 2014）。じつのところ、アメリカに限らずどこの国でも、多くの人々は、世の中は信念をもった強いリーダーの力によってはじめて改善されると信じており、関係者同士の妥協によって少しずつ改善される、というイメージを持てないでいる。むろん、民主主義においてもそうしたリーダーの力が重要であることは否定できないが、現実には強いリーダーですら妥協なしには一歩も前に進めないし、強いリーダーが存在せずとも関係者同士の合意によって物事が前に進むのは決してめずらしいことではない。

くわえて、妥協は基本的に暫定的な結論であって、さしあたりの決定に過ぎず、必要があれば見直し可能なものとして捉えられる以上、停滞よりもむしろ絶えざる改善を可能にする条件になりうるともいえる。あらためて言うまでもなく、民主主義においては最終的な結論に到達することはありえず、終わりのない話し合いのなかで、つねにあらゆるものが見直されうることが重要である。妥協はいわば未来の可能性に開かれたものであり、将来さらによい合意がありうることを否定しない。

最後の、妥協は「密室の談合」であるとする批判、というか悪印象だが、こうしたイメージが多くのひとに共有されていることにはそれなりの理由があり、まずもってこの点を考えてみる必要がある。そもそもなぜ「密室の談合」が妥協と結びついてイメージされ、不適切とされるのだろうか。先に紹介したフムレスクによると、イギリス的な考え方では、議会でなされる妥協的合意こそがある意味で社会契約にほかならない。現実に国民全員が一堂に会して社会契約をおこなうことはできないため、かわりに議員たちが議場で話し合い、妥協しながら合意を形成していくことこそが社会契約のいわば「代理」になっている、というのである（Fumurescu 2013）。ここでのポイントは、国民が議員を信頼していれば議会でなされる妥協は批判されないだろうが、議員に対する信頼が低ければ「なぜ政治家が勝手に密室で物事を決めるのか」という批判が出てくるのは当然だろう、ということである。議会にかぎらず政治において妥協がなされることは避けられないが、それが国民に受け入れられるのは、議員に対する信頼がある場合のみである。だとすれば「妥協は密室の談合につながるものであり好ましくない」というのは、妥協

202　佐野　亘

そのものが問題であるというよりも政治家と国民のあいだに存在する不信感の問題であるといえる[2]。

4.　妥協の擁護

　以上のとおり、妥協に対する批判のいくつかは必ずしも当たってないうえに、一見すると妥協に対する批判のようだが、じつは別のものに対する批判である、ということも少なくない。この点を確認し、以上の議論も踏まえたうえで、以下ではさらに積極的に妥協を擁護してみよう。

　第一に、妥協は、多様な価値が存在し、かつ、多様な価値観の持ち主が存在する社会のもとでは、寛容や包摂、他者の尊重や承認につながるものになりうる。もちろん先に述べたとおり、妥協がむしろ排除や非寛容につながることがないわけではない。だが、正解が存在しない状況で、とにかく論争によって相手を折伏すればよい、とか、とにかく多数決で決着をつけるべき、と考えるのではなく、できるだけ多くの人々の同意をとりつけようと試みることには大きな価値があると思われる。世の中にはさまざまな価値や世界観が存在し、それらは必ずしも整合的であるとは限らないうえ、そのいずれもがそれなりに「理にかなっている（reasonable）」可能性が高い。こうした状況のもとで絶対に妥協しないというのは、一見すると「すっきりしている」が、結果的に排除や切り捨てを招きかねない。

　この点について、サンスティーンは、「理論化が不完全な合意（incompletely theorized agreements）」という概念を提示し、一般に理論的に筋が通ったものと考えられている裁判所の判決ですら、実際にはそれほどじゅうぶんに理論的に首尾一貫したものではなく、さまざまな価値や原理のあいだの一種の妥協的合意として成立していると主張したうえで、そうした判決のあり方を肯定的に評価している（Sunstein 1995）。こうしたいわばあいまいな妥協として判決がくだされ、しかもそれが社会に受け入れられているのは、アメリカ社会が多様な価値観によって支えられているからこそであり、そうした多様な価値観のうちのひとつだけを選ぶことの危険を裁判所がよくわきまえて

いるからに他ならない、というのである。

　この点に関連して、第二に、妥協は当事者同士の関係性を重視し、完全な分裂や暴力的紛争を回避する試みであると捉えることもできる。わざわざ時間をかけて容易に理解できない相手と粘り強く話し合い、合意を追求するとすれば、それは相手との関係を完全に断つことは避けたいと考えるからだろう。そうした困難なコミュニケーションを断念してしまえば、あとは互いに避けて通るか暴力に訴えるしかない。むろん、過度の人間関係の重視は、往々にして「長いものに巻かれたり」、「相手の顔を立てたり」、「空気を読んだり」といった、好ましくない結果につながりやすい。だが、こうした危険があることは否定できないとしても、関係性が完全に切れてしまった相手と、よい話し合いをおこなうことはほとんど不可能である。ムラ社会的な濃密な人間関係のなかでの合意は、妥協というよりもむしろ「暗黙の押し付け」になりやすい。逆にまた、他者との関係を忌避する砂粒のような個人の寄せ集めにおいてもまともな話し合いは成立しがたい。妥協は、そもそも政治という営みが成立する最低限の条件を構成するものであるとも考えられる。

　第三に、妥協はよい意味での自己相対化、あるいは「正解」に対する慎重な態度、さらにいえば一種の成熟の現れとしても捉えることができる。自分の意見に過度に固執するひとの多くは、自分自身を他者の視点から眺めることができないため、自己を絶対化し、その結果、物事を単純化して捉えがちである。おとなになることが（また市民として成熟することが）、自己愛からの（多少なりともの）離脱と、物事の複雑さをそのままに受け止める強さを身に着けることを意味するとすれば、妥協はまさにその実践でありうる。よく知られるとおり、近年、多くの国でポピュリズムがひろがり、単純で極端な意見が支持されやすい状況にある。エスタブリッシュメントによる政治は「密室の談合」そのものであり、それにかわって「市民感覚」にもとづく「筋の通った」政治をおこなうべきであるというのである。政治に対する過度の期待や単純な理想化、またその裏返しとしての強い失望やニヒリズムという、タチの悪い二者択一から抜け出すには、政治における妥協的合意の意

義があらためて理解される必要があるだろう。

第四に、妥協はある種の「発見法（heuristic）」としての意味も持ちうる。サンスティーンは「トリミング」という論文のなかで、両極端のあいだに「真実」があるとさしあたり考えておくことはそれなりに理にかなっていると主張する（Sunstein 2008）。そもそも、トリミングというのは、政治的にバランスを取るとか様子をみながら態度を決めるという意味で、日和見主義と訳されることもある。サンスティーンは、トリミングの要素のひとつとして妥協を位置づけ、そのうえで発見法としての意義を有しているとする。とりわけ政治や政策が扱わなければいけないような社会問題の多くは、いわば「程度の問題」であって、1か0のいずれかを選択すればよい、ということはあまりない。こうした微妙な程度の問題の「解決」においては、極論を排したうえで、いわば「中庸」を探るのが適切であることが少なくないだろう。妥協はまさにそうした程度の問題の解決にふさわしい発見法であるといえる。

5.　よい妥協／わるい妥協

ただし、妥協には以上のような意義があると思われるものの、つねにあらゆる妥協が好ましいというわけではない。あえて妥協する必要はない場合、また妥協はむしろ好ましくない場合が当然にありうる。

この点について、ベンジャミンは「妥協の状況（circumstances of compromise）」と呼ぶべき状況があると述べ、以下のような状況では妥協が望ましいとともに、妥協が生じやすいと指摘する。それは、①不確実性が高く、②道徳的に複雑な状況で、なにが正しいのか（正しくないのか）が容易に判断できず、そのうえ③時間的制約があり、一定の期間内に結論を出す必要があるとともに、④関係者同士の関係性を保っていく必要がある、という四つの条件がそろっているような状況である。確かに、こうした状況のもとでは、関係者のあいだで妥協をおこなう動機がうまれやすいうえ、妥協すること自体を正当化しやすいと考えられる（Benjamin 1990）。逆にいえば、こうした条

件がそろっていないにも関わらずむやみに妥協に走るのは不適切な可能性が高い。たとえば、問題を解決するにあたって長い時間をかけて話し合うことができるのであれば、急ぐことなく、重なりあう合意に向けてとことん議論したほうがよいかもしれない。また不確実性が低く、道徳的に厄介な問題があるわけではないのであれば、妥協ではなく「完全な合意」を目指すことができるかもしれない。またあえて関係性を維持する必要がない状況では、場合によっては「ケンカ別れ」もやむを得ないかもしれない。

　以上にくわえて、妥協それ自体が目的になった場合には、妥協は堕落しやすいと考えられるだろう。とにかくはじめから「足して二で割る」ことしか考えてない、とか、とにかく「落とし所」を探ることにしか興味がない、というのでは、妥協の本来的価値は発揮されない。妥協は、各自の利害や価値を相手にあわせて放棄してしまうのではなく、あくまでそれは保持しつつ、ギリギリのところで譲りあうところに意義があり、最初から「足して二で割る」つもりなのであれば、それはそもそも妥協と呼べないとすらいえる。それゆえ「筋を通す」こととの緊張関係のなかでこそ妥協は意義があるのであって、人間関係ばかりを重視し、とにかく事を荒立てないようにするような姿勢は、ここで評価される妥協とは似て非なるものである。

　さらにいえば、仮に妥協がやむを得ないものだとしても、その正当性の程度は必ずしも「高い」ものではなく、せいぜいのところ弁解（excuse）可能なものにすぎないかもしれない。イギリスの名誉革命のような歴史の転換を画するような「偉大な妥協」もありうるが、多くの妥協は「とりあえずのもの」であり、過大に評価すべきものではない。先に紹介したレポラも指摘するように、自分とは価値や利害の異なる相手と合意をおこなう以上、結果的に自分にとって大事なものを犠牲にしてしまう危険はつねにあるからである。

6.　いくつかの示唆と今後の課題

　以上、妥協の意義について、その限界や困難も含めて論じてきた。最後に

「話し合い学」との関連で、より広い視野から、妥協の研究がどのような広がりを持ちうるかを示唆するとともに、今後の課題について触れておきたい。

第一に、今後は、民主主義論や公共性論の観点から、話し合いや合意、さらには妥協について、考察を深める必要があると思われる。現在、民主主義のあるべき姿をめぐって、決断や争いを重視する闘技的民主主義論と、合理的な熟議や理性的な合意を重視する熟議民主主義論という二つの議論が存在し、互いに批判しあっているが、妥協への注目は、そのいずれにも還元されない民主主義の意義づけ、捉え方を可能にすると考えられる。闘技的民主主義論と熟議民主主義論の対立は、思い切って単純化すれば、いわば感情と理性の対立に重ねあわせられるものだが、われわれはそもそも日常的な社会実践においてそのように理性と感情を区別して生きているわけではない。言うまでもなく、現実の政治の実践には、理性や熟議の要素もあれば、決断や争いの要素もあり、そのどちらか一方だけに注目することには無理がある。そして現実の民主主義の実態に即して考えるならば、妥協のようなあいまいな合意、さらにいえば、そこでの理性と感情と利害の「混ざり合い」といったものを、より積極的に評価する道を探るべきではないだろうか。

また、この点との関連で、妥協と公共性論との接合も必要だろう。アレントやハーバーマスといった論者たちは、公共性を私的なものから完全に切り離された、いわば「純粋なもの」として提示してきた。このような観点からすれば妥協は「汚れた」公共性として位置づけられざるをえない。しかしながら、妥協のような活動によってこそ実現される公共性というものがありうるのではないだろうか。先に述べたように、現実の妥協においては公的な価値や規範だけでなく私的な利害や感情が混入してくることが少なくないが、こうした事態を必ずしも否定的にのみ評価すべきではないように思われる。そもそも民主主義は私的な利害や感情にまつわる争いの調整という役割も担っているからである。利害や価値や感情の絡まり合いを同時に調整しながら、相互に折り合えるポイントを探すこと、また、それによって実現されるとりあえずの妥協といったものも、ひとつの公共性のあり方として評価されるべきと考える[3]。政治は「妥協のアート」と呼ばれてきたが、これはむろ

ん悪い意味で言われてきたわけではなく、ある意味でそこにこそ政治の知恵が見出されてきたとも考えられる。従来の民主主義論や公共性論は、こうした政治の古典的な見方を軽視してきたと思われる。

　第二に、以上のような理論的検討をおこなうとともに、現実のマクロな政治のあり方との関連で、妥協や合意、話し合いといったものについて検討することも必要である。たとえば、よく知られているとおり、大陸ヨーロッパではいわゆる「コンセンサス・デモクラシー」が一般的であり、議会においては「最小勝利連合」以上の広範な合意が目指されるとともに、労働と資本のあいだでもコーポラティズム的な経済運営がなされてきた。そのような政治のあり方を、話し合いや妥協といった観点からどのように評価するかは重要な検討課題である。多くの場合、話し合いや合意に関する議論は、人数の限られた小集団や、フェイス・トゥ・フェイスで話ができるミクロな状況を前提にしている。だがマクロレベルの政治を考えると、つねにそのようなミクロな状況を前提に考えることはできないし、ミクロな状況における議論や知見をそのまま当てはめて考えるのも難しい。したがって、現在の国民国家体制のもと、仮に地方分権をすすめるにしても、一定規模以上の民主主義が不可避であるとすれば、話し合いや合意の要素をマクロレベルの政治に具体的にどう組み込み実現していくか、また、実際にはどのようなかたちで話し合いや妥協が実現されているのか(いないのか)検討する必要がある。じつのところ、ながくコンセンサスを重視してきたヨーロッパ諸国においてすら近年、政治への不信や不満が強まっており、極右団体への支持も増えている。頂上団体に加入する人々の数が減り、組織が弱体化し、エリートへの信頼も低下しているからだが、こうした状況のもと、どうすれば多くのひとが納得できるような妥協なり話し合いなりを社会全体で実現できるかを具体的に考えていく必要がある。むろん、本書で紹介されているミニパブリックスの試みなどはその有力な選択肢のひとつといえるだろう。

　ともあれ、話し合いや合意、あるいは妥協をめぐって、さらに検討すべき課題が数多く残されているのは明らかである。今後、さまざまな分野からのさらなる「参入」が期待される。

注

1 ちなみに 19 世紀以降のイギリスの状況については遠山が論じている。彼によれば、19 世紀末、理性と科学と進歩の時代を迎えると、イギリスでも、妥協を否定的に評価する人々が登場してくるという。理性によって「正解」を見つけることができるならば、妥協する必要はない、と考えられるようになったのである（遠山 2013、2017）。

2 ミニパブリックスが注目を集める理由のひとつはここにあるだろう。

3 このような観点からの先駆的な研究として、平井（1999）がある。本章の議論の基本的なアイデアの多くはこの論文によっているが、残念ながら、日本においては、この論文を引き継ぐ研究は管見の限り存在しない。

参考文献

遠山隆淑（2013）「妥協をめぐる政治思想―ヴィクトリア時代後期におけるデモクラシー・政党・政治的決定」政治思想学会編『政治思想研究第 13 号：政治思想における言語・会話・討議』pp.104–134. 風行社

遠山隆淑（2017）『妥協の政治学―イギリス議会政治の思想空間』風行社

平井亮輔（1999）「妥協としての法―対話的理性の再編に向けて」井上達夫ほか編『法の臨界 I 法的志向の再定位』pp.187–206. 東京大学出版会

Benjamin, Martin. (1990) *Splitting the Difference: Compromise and Integrity in Ethics and Politics*, Lawrence, Kansas: University Press of Kansas.

Benjamin, Martin. (1995) The value of consensus, In Ruth Ellen Bulger, Elizabeth Meyer Bobby, and Harvey V. Fineberg (eds.), *Society's Choices: Social and Ethical Decision Making in Biomedicine*, Washington, D.C.: National Academy Press. pp.241–259.

Fumurescu, Alin. (2013) *Compromise: A Political and Philosophical History*, New York: Cambridge University Press.

Gutmann, Amy and Dennis Thompson. (2013) Valuing Compromise for the Common Good, *Daedalus*, vol.142, no.2, pp.185–198.

Gutmann, Amy and Dennis Thompson. (2014) *The Spirit of Compromise: Why Governing Demands It and Campaigning Undermines It*, revised ver., Princeton, NJ.: Princeton University Press.

Jonsen, Albert R. and Stephen Toulmin. (1990) *The Abuse of Casuistry: A History of Moral Reasoning*, Berkeley and Los Angeles: University of California Press.

Lepora, Chiara. (2011) On compromise and being compromised, *Journal of Political Philosophy*, vol.20, pp.1–22.

Sunstein, Cass R. (1995) Incompletely Theorized Agreement, *Harvard Law Review*, Vol. 108, No. 7, pp. 1733–1772.

Sunstein, Cass R. (2008) Trimming, *John M. Olin Law & Economics Working Paper* No.419. (http://www.law.uchicago.ed./Lawecon/index.html)

Thomas, K. W., and Kilmann, R. H. (1974) *Thomas-Kilmann Conflict Mode Instrument*, CA: Xicom, a subsidiary of CPP, Inc.

第12章

「主体的」ではない熟議のために

―予備的考察

田村哲樹

私と話し合いとのかかわり

　私が熟議民主主義の研究に取り組み始めたのは、大学院を修了して間もないころです。次の研究テーマを探していて、そこで熟議民主主義にたどり着きました。熟議民主主義には、「意見の正当化」と「意見の変容」という二つのポイントがあります。このうち私は、「意見の変容」の方に特にぴんときました。つまり、この民主主義論が、話し合いの中で人々の意見や考えは変わっていくし、そのことは望ましいことだと言っていることに魅かれたのです。なぜそこに魅かれたのかを振り返ってみると、そこには、それまでの妻との「話し合い」の経験があったように思います。私たちは、時には口論に近いものを含め、多くの「話し合い」を経験してきましたが、そこでより大切だったのは「意見の変容」の方だったと思うのです（「正当化」が不必要ということではなく、両者が相反するわけでもないのですが）。こうした経験が、「主体的ではない熟議」のアイデアにつながっています。

要旨

　本章で試みるのは、熟議民主主義をより「非主体的な」形で再検討することである。熟議民主主義とは、話し合いを核心とする民主主義の考え方である。標準的にはそれは、理性／理由に基づく民主主義だと考えられている。しかし、そうであるがゆえにそれは、熟議を通じた排除可能性と、「普通の人は熟議できない」という実現不可能性を指摘される。本章では後者の批判に焦点をあて、これに応答するためには、①熟議を「主体」と切り離すこと、②「正当性」ではなく「反省性」を重視すること、が必要であることを述べる。こうして得られるのは、「非主体的な」熟議像である。そこでは、反省性に加えて、「聴くこと」と意思決定以外の熟議の重要性が主張される。

1.　はじめに

　熟議民主主義（deliberative democracy）とは、話し合い（talk）を中心とした民主主義の考え方のことである。それが標準的にはどのようなものを指すのかについては 2. で述べる。ただし、私自身の研究の主たる関心は、「標準的ではない」熟議民主主義をどのように構想するかというところにあった。たとえば、熟議民主主義はしばしば「自由民主主義」の政治体制の下で行われる・実現するものと考えられてきた。しかし、私は、そのような自由民主主義と熟議民主主義との関係を再考し、自由民主主義的ではない熟議民主主義もあり得るという視点が重要だと考えている（田村 2017b: 第 8 章）。あるいは、とりわけ政治学において、熟議民主主義を含む民主主義全般は、多くの場合、国家または政府に関連づけて考えられてきた。しかし私は、政治学におけるこのような「方法論的国家主義」を見直すことを主張している。その結果、たとえば「家族」も、民主主義によって集合的決定がなされる場合には、国家と同様の民主主義の場として考えられるようになる（田村 2015a, 2017a）。

　このような「標準的ではない」熟議民主主義を考える時の課題の一つは、「理性的／合理的ではない熟議」というイメージの再確立である。「再」というのは、これまでも、熟議を理性や合理性に還元しないで構想するための議論は行われてきたからである。それにもかかわらず、依然として熟議には「理性的」ないし「合理的」な民主主義というイメージが残存している。そのため、熟議民主主義に対する 2.2 で見るような疑問や批判、すなわち「不可能」「非現実的」といった疑問や批判がなくなることもない。そこで本章では、熟議民主主義における「理性的」「合理的」というイメージを払しょくするためには、最終的には「主体性」の相対化が重要になるのではないか、ということを論じる。ただし、本章の議論は、このテーマを本格的に論じるための予備的なないし素描的なものであることをお断りしておく。

2. 熟議への疑問

2.1 標準的な熟議民主主義のイメージ

熟議民主主義の標準的な考え方は、それを「理性／理由（reason）」に基づく民主主義ととらえるものである。この考え方によれば、人々が正統なものとして受け入れる集合的決定とは、①強制的ではない環境の下で、②正当と見なされ得る理由の相互提示とその妥当性の相互検討を通じて、③合意されたもの、である。

このような熟議民主主義像が含意するのは、次のようなことである。第一に、民主主義とは、単に「数」によって決めることや、「利益」の実現を目指すものではない、ということである。前者は民主主義を多数決と同一視するものであり、熟議民主主義論では「集計型民主主義」と呼ばれる。後者は、民主主義を各自の自己（私的）利益の実現と見る考え方である。熟議民主主義は、多数決や利益の重要性を完全に否定するものではない（田村2008）。しかし、民主主義＝多数決、民主主義＝自己利益の実現という考え方には異論を唱える。第二に、民主主義とは、「情念」に導かれるべきものでもない。しばしば政治には情念が付きまとうと言われる。その結果、政治では、人々の情念に訴えかける扇動的なアピールとともに、激しい対立が引き起こされる。「ポピュリズム」と呼ばれる現象には、このような政治の情念を基礎とする特徴がよく表現されていると言われる。これに対して熟議民主主義は、理由の提示とその相互吟味のプロセスによって、このような政治における情念の「暴走」に対処する。

2.2 疑義

しかし、このような標準的な熟議民主主義に対しては、しばしば「できない」「ハードルが高い」といった疑義が投げかけられる。問題は、熟議民主主義の理性中心性である。熟議民主主義に対しては、その理性中心性が「非理性的な」コミュニケーション様式に依拠しがち（とされがち）な人々を民主主義の場から排除してしまう、という批判が投げかけられてきた。

そのような批判を明示的に示した一人が、アイリス・M・ヤングである（Young 1996, 2000）。理性的な議論の仕方とはすなわち、冷静、論理的、客観的とされるような仕方であり、それは一定階層・学歴以上の男性に典型的な議論の仕方である。これに対して、女性の議論の仕方は、感情的、非論理的、主観的と見なされやすく、そのため「熟議」において真剣に考慮されず排除される傾向がある。彼女の批判は、コミュニケーション様式に焦点を当て、「熟議的」とされるそれとそうでないものとを対比し、かつ、その違いが、社会の中で理性的／非理性的、論理的／非論理的、客観的／主観的といった二分法が特定の社会集団（たとえば「男性」や「女性」）に割り振られることで、熟議民主主義が排除的な性質を帯びることを明らかにするものである。

　私は、ヤングのこのような批判は、熟議民主主義を否定するものというよりも、あとで述べるように、むしろそれを再構成してゆくための貴重な手がかりを提供するものと考えている。彼女の批判は、「話し合い」そのものを否定するものではないからである。したがって、彼女の議論を受け止めつつ、熟議民主主義を再構成してゆくことは可能である。

　もっとも、熟議民主主義にとってより問題であるのは、より直感的な疑義であるように思われる。つまり、「普通の人は熟議などできないのではないか？」、「『話ができない』人はどうするのか？」、「結局、『話をするのがうまい』人だけの民主主義になってしまうのではないか？」といった疑義である。これらの直感的な疑義においては、①熟議の望ましさを認めたうえで、その実現可能性に疑問が提起されている（実現可能性は低いのではないか）場合と、②熟議自体がそもそも望ましくない考え方だとして疑問が提起されている場合とが存在（または混在）するように思われる。①の場合には、熟議の望ましさ自体は認めているのだから、一見したところでは、その現実化のために熟議民主主義論者と「協力」できそうである。それにもかかわらず、実際には①のタイプの疑義も、熟議への批判論として提起される。

3. 熟議民主主義論からの応答

3.1 理論レベル

先に見たような直感的な疑義は、直感的であるがゆえに否定するのが難しい。つまり、「そんなことはない」という様々な「合理的な」理由を述べても、「いやそれでも」といった受け止められ方をされる可能性が高い。

熟議民主主義研究者たちは、このような疑義に応答するための議論を展開してきた。それには、少なくとも次の三つの方向性がある。第一に、熟議＝理性という想定を見直し、熟議をより多様な要素を含むものとして捉え直してゆくことである。たとえば、熟議民主主義の中に理性以外の要素を包摂してゆくことが、特に1990年代末以降、取り組まれてきた。「利益」や「感情」に基づく主張は、必ずしも否定されるべきものではないとされた。ヤングが提起したような「非理性的な」コミュニケーション様式も、熟議のあり方として肯定されるようになった。ヤングの場合には、「非理性的な」コミュニケーション様式への注目は、理性的な熟議によって排除されるマイノリティへの応答という意味合いが強かった。しかし、むしろ社会において多数派形成を図っていく際に、ある種の「非理性的な」コミュニケーション様式、とりわけ「レトリック」が重要であるとの議論もなされるようになった（Chambers 2009, Dryzek 2010）。

第二の方向性は、「非熟議的な」実践を、それ自体は熟議ではないことを認めた上で、熟議民主主義の枠組みの中に位置づけることである。このような考え方は、近年の「熟議システム」論において見られる。つまり、たとえ個別的に見れば非熟議的でも、マクロな政体レベルに対して熟議的な効果を持つならば、そのような非熟議的な実践もある一つの「熟議システム」の要素と見なすことができる、というわけである（Parkinson and Mansbridge 2012）。たとえば、強い感情に基づいた主張を行う抗議運動や、自己利益の実現を目指す利益団体の圧力行使活動も、それらを通じて、マクロなレベルで当該の問題についての人々の意識や認識の変化をもたらすならば、たとえそれ自体は熟議ではなくとも熟議システムの要素だと言うことができる（田

村 2016, Tamura 2014)。

第三の方向性は、人々が実際に熟議できていることを示すことである。これについては、「ミニ・パブリックス」と呼ばれる、主に無作為抽出で市民を集めて特定のテーマについて熟議する制度についての、いくつかの研究を読んでみるとよい。それらの研究では、ミニ・パブリックスに参加する市民たちが一定の熟議の能力を示すことが述べられている（坂野・澁谷 2016, 柳瀬 2015: 第 3 章、第 4 章, Dryzek 2010: chap 8）。ピーター・レヴィーンたちは、次のように述べている。

> 市民たちは、熟議の際に参考資料を読み、関連する事実をじっくり真剣に考え、正統な視点や意見の多様さを織り込み、それらを比較考慮し、さまざまな制約が存在することを自覚しつつ骨の折れる選択をすることができる。専門家たちがしばしば驚き、印象づけられるのは、市民たちの熟議や判断、活動の質である。

（レヴィーン／ファン／ギャスティル 2013: 355）

4. 「それでも熟議できない」に向かい合うための課題

4.1 「主体ではない」ことの明確化

前節で述べたように、熟議民主主義論は、「ふつうの人は熟議できない」という疑義に対して、いくつかの応答を行っている。しかし、それにもかかわらず熟議への疑義はなかなかなくならないのが現状であろう。「それでもやっぱり熟議できない（はずだ）」というわけである。こうした「熟議できない」といった疑義に対して、さらに何を言うことができるのだろうか。

第一のアイデアは、熟議とは、個人的なものではなく、間主観的ないし間主体的なものであることを確認していくことである。熟議について考える場合にしばしば見受けられるのは、「発言する能力」「論理的に話をする能力」「よく考える能力」などの形で、個人の能力の問題として考えることである。しかし、このように熟議を個人の能力に結びつける考え方には、疑問の

余地がある。たとえば齋藤純一は、熟議における理性について、次のように述べている。

> 理性は、それぞれ自己利益を追求する人々の内にではなく、自らの主張を正当化する理由を相互に挙げ、その理由の妥当性を検討する人々の間にあると考えられるわけである。　　　　（齋藤 2012: 182 強調は原文）

　ここでは、「理性」とは個人が有するものではなく、人々の「間」にあるのだとされている。そもそも、熟議民主主義の理論的源泉の一つであるユルゲン・ハーバーマスの討議倫理学の構想も、ある規範の妥当性を、個人レベルでの内面的なテストによってではなく、人々の間で形成される合意によって根拠づけようとするものであった。何が妥当な規範であるかは、個人が自分自身でよく考えること（モノローグ）によってではなく、人々の間での討議によって間主体的に了解されること（ダイアローグ）を通じて、明らかになるべきものなのである（ハーバーマス 1983 = 2000, フィンリースン 2005 = 2007）。したがって、このようなハーバーマスの試みは、間主体性的理論的とも呼ばれる（日暮 2008: 11–15）。これらの議論を見る限り、熟議民主主義とは、個人の主体性に基づく民主主義の構想ではないはずである。

　もっとも、たとえこのように熟議における理性や規範の妥当性は、間主観的、コミュニケーション的なものだと述べたとしても、それが「個人」の次元へと変換されやすいことは否めない。たとえば、「人々は熟議する能力を身につけているのか？」「（身につけていないとすれば）どのようにして熟議する能力を身につけるか？」と問い始めると、議論の焦点は個人レベルに当てられることになり、「主体性」論へとスライドしやすい。実際、ハーバーマスにおいても、合意形成を行う人々における一定の言語能力や行為能力が想定されている。それではどうすればよいのだろうか。

　そこで、第二のアイデアは、議論の焦点を「制度」の次元に絞ることである。すなわち、熟議を実現すると期待される制度の設計に、「理性」の実現可能性を託すのである。実際、ミニ・パブリックス論を含めた熟議の制度論

は、まさにこのような関心に基づいて行われている。そこでは、単に人々が集まって話をするだけではなく、その場が正しく「熟議」の場であるためには、どのような制度設計が求められるのかが検討されている。たとえば、ミニ・パブリックスの一つである討論型世論調査において、無作為抽出の厳密な手法が追求されたり、熟議の際のファシリテーターの役割が重視されるのは（フィシュキン 2009＝2011, 柳瀬 2015）、制度の効果によって熟議を実現するためである。あえて言えば、この場合には、もしも「理性」が存在するとすれば、それは制度にビルト・インされたもの（されるべきもの）である。こうした「制度主義」的な発想は、個人の主体性への焦点を中和するために不可欠であろう。熟議が成り立つかどうかは、個人の能力の問題ではなく、熟議に適した制度の効果という問題なのである。

　しかしながら、ここでも、各個人に対する制度の効果は完全に等しいのか、という疑問が生じる余地がある。言い換えると、同じ熟議の制度の下では、だれもが同じように熟議できるのだろうか。そこにはやはり個人差というものがあるのではないか。そもそも、制度を設計すれば、人はすべて同じように言動するようになるというのは、あまりに人々の「主体性」を軽視した発想ではないだろうか。このような疑問には一理ある。私たちは人間である以上、自らが置かれた環境（構造・制度）に一方的に規定された存在ではないはずである。そうだとすると、問題は再び「主体性」に戻ってしまう。すなわち、どれだけ制度が整備されても、その下で熟議できる人もいれば、そうではない人もいるはずである。そうだとすれば、そこには個人の能力の違いが表れており、各人が熟議のための能力をどのようにして身につけるかはやはり重要な問題である、と。

　以上をまとめよう。熟議をより「非主体的」に、個人の能力に還元しないで理解する方策はあり得る。理性を間主観的に把握することや、制度主義的な思考法は、その例である。確かに、これらの方向性を取ったからといって、熟議を完全に「個人の能力」「主体性」と切り離すことができるとまで言えるかどうかは、なお検討を要する問題である。結局、個人の「熟議する能力」の問題になるのではないか、という疑問を払拭できるとは限らないか

らである。とはいえ、これらの視点が、「熟議する能力」がすべてではない
ことを教えてくれるということを確認しておきたい。

4.2　正当性よりも反省性

　「それでも熟議できない」という疑義に対応するもう一つの方向性は、熟
議を正当化ないし正当性からできるだけ切り離すことである。ここで「正当
化 (justification)」というのは、熟議における発話に、他者に「正しい」も
のとして受け入れ可能となるような理由の提示を求めることを指す。この場
合の「正しい」には、事実認識のレベルでの「正しさ」と、道徳的な意味で
の「正しさ」の両方の場合があり得る。いずれであれ、熟議民主主義論の中
には、熟議の意義を、それを通じて得られる合意・結論の「正しさ」に求め
るものがある。

　ここで考えてみたいのは、このような「正しさ」を志向する熟議民主主義
が、熟議をより「主体的な」ものとして観念させてしまう可能性である[1]。
「正しさ」を志向することは、熟議をより論証中心的なものとして観念する
ことにつながり得る。なぜなら、認知的な「正しさ」にせよ道徳的な「正し
さ」にせよ、熟議においては、それは論証を通じて主張されるべきものだか
らである。「正しさ」の根拠を熟議プロセスの外部に求めるのではなく、あ
くまで論証を通じて確定されると考える点で、それは確かに熟議である。し
かし、だからこそ、正当性を重視する熟議民主主義論は、合理的な論証を行
う「主体的な」能力と結びつきやすい。

　これに対して、熟議民主主義論の中には、「反省性」(reflection) をより重
視する立場がある (田村 2010a)。この立場では、熟議において重要なこと
は、合理的な論証の形式で自らの意見を述べることではなく、他者の意見を
受け止めたうえで自らの意見を見直すことである。したがって、「話すこ
と」以上に「聞くこと」の重要性が語られることもある (山田 2010: 35–37,
Dobson 2014)。熟議民主主義論の中には、各人の選好の変容を重視するも
のがある (Dryzek 2000, Young 2000)。このタイプの熟議民主議論は、反省
性を重視するそれと言うことができる。

問題は、なぜ反省性を重視するタイプの熟議民主主義論がより「非主体的」だと言えるのかである。「他者の意見を受け止めること」、その上で「自分の意見（選好）を見直すこと」も、ある種の「主体的な能力」ではないだろうか。これは極めて重要な問いである。それにもかかわらず、というよりもそうであるがゆえに、本章ではまさに試論的にしか答えることができない。

　そのことを前提として、ここでは、反省性は正当性よりも他者尊重的だということを指摘しておきたい。確かに、正当性も、熟議民主主義論においては、客観的な真理や単独での合理的思考のみによって到達するものではなく、他者にも受け入れ可能なものとして提起され、かつ、他者による妥当性の承認を必要とするものである。それでも、正当性を重視する場合には、自らの主張の理由を見つけ、主張と理由とを適切に結び付け、かつそれを他者に説得的に提示する能力が重視されやすいものと思われる。これに対して、反省性は、より他者依存的であると考えられる。たとえば、「わたし」が他者の意見や振る舞いに、理屈ではない形で影響され、自己の考えの見直しを迫られてしまう、ということがあり得る。

　ここで参照しておきたいのは、岡野八代の議論である（岡野 2012）。リベラリズムの自立的な個人像の全面的な書き換えを目指す岡野は、依存関係の中で「予測できない形で他者と関与せざるを得ない私」（岡野 2012: 246）に注目すべきことを主張する。そのような「私」とは、他者との関係の中で「自らの意志の限界を重く捉える」存在である（岡野 2012: 217）。そうであるがゆえに、「私」は、「他者の存在をそのままに肯定しようとするコミュニケーション」を行うことができる（岡野 2012: 238）。このコミュニケーションは、「ことば」が「通じないことを受け止めることでもある」。その意味で、それは「分かりあえない」ことを認識する場でもある。しかし、ことばの通じなさを受け止めることから、私たちは「分かりあえない状態から、予期し得ない形で他者の尊厳に気づかされる時が到来すること」を学ぶことができる（岡野 2012: 241）。このような「コミュニケーション」を、より他者依存的なコミュニケーションと考えることができるだろう[2]。自らの意志の限界の中で他者の存在とわからなさを受け止め、（たとえば、「他者の尊厳」

という）気づきを得る時、「私」は、他者によって影響される形で、その意味で他者尊重的な形で、自身を問い直しているのである。

4.3 「非主体的な」熟議へ

　本節では、「それでも熟議できない」という熟議への懐疑に答えるための、二つの方向性について述べてきた。一つは、熟議をより主体性を前提としない形で考えるという方向性であり、もう一つは、熟議を「正当性」ではなく「反省性」を中心として把握するという方向性である。これらの二つの方向性は別個のものではなく、両者を併せて、より「非主体的な」熟議という一つの方向性を指し示していると考えられる。本節の最後に、このような「非主体的な」熟議のイメージをまとめておこう。

　第一に、非主体的な熟議では、熟議民主主義論において長らく論じられてきた「理性か情念か」という問題は、それほど重要な問題ではなくなる。重要なことは、理性の作用であれ情念の作用であれ、コミュニケーションの中で反省性が獲得されることだと考えられるからである（田村 2010a, 2017b: 第 4 章）。

　第二に、非主体的な熟議は、文字通り、「個人の主体性」をより相対化するものである。熟議の核心は、熟議する／できる個人としての「主体」にあるのではない。この熟議で想定されるのは、「何が自分の利益か」であれ、「何が合理的な論拠か」であれ、あるいは「何に怒っているのか／悲しんでいるのか」であれ、あらかじめ自分でそれをわかっていて、そのような利益・論拠・認識を追求する個人ではない。それらのことは、熟議というプロセスの中で明らかになっていくものである。「反省性」を熟議の核心に据えることは、コミュニケーションのプロセスの中で形成される「主体」という像を提唱することにつながるかもしれない。

　第三に、非主体的な熟議においては、「発話」の重要性は低減するかもしれない。たとえ「発話」でなくとも、コミュニケーションの中で他者の意見や立場を「聴き取り」、自らのそれを変化させることができるならば、そのようなコミュニケーションは「熟議的な」ものであると考えられる。

「聴くこと」に重点を置く熟議は、通常「話すことができない」とされるであろう人々もまた、熟議の参加者となり得ることをも示唆する。合理的な論証中心の、標準的にイメージされる「熟議」とその「主体」とはかけ離れており、ゆえに、そのような「主体」とは非対称的な関係に置かれそうな人々もまた、もう一つの「熟議の主体」であり得る。具体的にはたとえば、子ども（Nishiyama 2017）、介護が必要な高齢者（岡野 2012: 237–241）、コミュニケーション面での障碍を抱えた人々（湯本 2015）などが想起される。このような人々を含めて「熟議する主体」を考え直すならば、通常の意味で「話せる」と見なされがち人は、実は必ずしも「熟議の主体」ではないということになるかもしれない。なぜなら、そのような「話せる」人々は、たとえ自らの見解を説得力をもって合理的な形で示すことができても、他者の見解や立場を「聴く」ことにおいて、さらにはそれを踏まえて自己の見解や立場を反省することにおいて、十分ではないかもしれないからである。むしろ、一見合理的な論証は、そうした他者の意見や立場を考慮しないがゆえに可能となっているのかもしれないのである。

　第四に、非主体的な熟議においては、その主たる目的を、熟議を通じた意思決定あるいは問題解決以外に置くべきであるかもしれない。クラレ・チェンバースとフィル・パーヴィンは、ジェンダーに関する事柄において重要な対話の役割は、意思決定による問題解決そのものではなく（必ずしもこれが否定されるわけではないが）、各個人のエンカレッジメントに資することであると主張している（Chambers and Parvin 2013）。チェンバース／パーヴィンの言う「対話」とは、既存の社会構造について問いを発することができるように、そしてそれについての理解や予断を修正できるように人々をエンカレッジすることで、各個人の自律性を高めるようなものである。そのような対話として彼女たちが注目するのは、フェミニズムにおけるコンシャスネス・レイジングの活動である。

　本節で述べた以上のことは、全く新規のことというわけではない。熟議民主主義の理論展開を振り返ってみるならば、このようなことはある程度念頭に置かれていたと言える。とりわけ、本章でも参照したヤングの議論は、ま

さにここで述べたような「非主体的な熟議」の像を打ち出すものであった。また、チェンバース／パーヴィンが提案した個人へのエンカレッジメントとしての対話／熟議についても、彼女たちの論文ではコンシャスネス・レイジングに対する評価が不十分であることが批判されているジョン・S・ドライゼクも (Chambers and Parvin 2013: 221–223)、2010 年の著作では、ナンシー・フレイザーの「サバルタン対抗公共圏」概念（この概念で念頭に置かれているのも、コンシャスネス・レイジングである）の意義を評価している (Dryzek 2010: 79)。そして、私自身もまた、近年のドライゼクの議論も踏まえつつ、熟議のそのような役割を指摘してきた (田村 2015b: 46)。このように熟議民主主義論の展開の中には、確かに「非主体的な」熟議への手がかりが既に存在している。私としては、さらに「反省性」をより押し出すことで、もう一度「熟議」イメージの再構成を図ってみたいと考えている。

5.　おわりに—残された課題

　本章では、熟議民主主義をより「非主体的な」ものとして考えていくための方向性について述べた。本章冒頭で述べたように、本章そのものが予備的ないし素描的なものであり、本章の各パートの内容について、今後さらに詳細な議論を展開することが必要である。

　その中でもここでは、本章が提唱する熟議の構想において鍵となる「反省性」についての今後の研究課題について述べておきたい。第一は、反省性の概念的研究である。それを通じて、「熟議の核心は正当性よりも反省性にある」とする論拠をより明確にしていくことである。この中には、「反省性もまたある種の主体性ではないのか？」という疑問に対する解答を見出すことも含まれる。第二は、熟議の制度に関して、反省性を担保するような制度デザインの研究である。第三は、反省性の観点からの話し合い・コミュニケーションの分析である。その際には、「理性的」ないし「合理的」だが「反省的」ではないコミュニケーションと、反省的なコミュニケーションとをどのように区別するかが、重要な課題となるだろう。したがって、この分析は、

反省的「ではない」話し合いの分析をも含むことになるだろう[3]。

　本章の途中で言及した熟議への直感的な疑問を見聞きするたびに、常々思ってきたことがある。熟議は「現実的ではない」「不可能だ」と言われる一方で、実は多くの人が「話をきちんと聞いてもらえない」ことで困ったり慣ったりしてきた経験を持っているのではないか。あるいは、和解できないと思われてきた人々の間に、何らかのコミュニケーションを通じて和解が成立した時に、人々は強い印象を受け、深い感慨を持つのではないか。要するに、多くの人々は、話をきちんと受け止めてもらえるような社会を望んでいるのではないだろうか。そうだとすれば、熟議民主主義は、現時点でどれほど「非現実的」と思われていようとも、多くの人々にとって「望ましい」社会に必要なものでもある。熟議を「非主体的な」ものとして捉え直すことは、そのような社会を創るための、ささやかだが重要な一つの手がかりとなるだろう。

注

1　ただし、「集合知」が「正しさ」を導くというタイプの議論は、ここでの議論に当てはまらない可能性がある。この点については、今後の検討課題としたい。

2　ただし、岡野自身は、このような「コミュニケーション」を「熟議的」と呼ぶこととはないと思われる。

3　男女間のコミュニケーションの非対称性は、ジェンダー研究においてしばしば指摘されてきた（江原 2001）。非主体的な熟議研究は、そうしたジェンダー論の知見を、さらに摂取していくことが必要であろう。私自身の試みとして、田村（2010b）などを参照。

参考文献

江原由美子（2001）『ジェンダー秩序』勁草書房

岡野八代（2012）『フェミニズムの政治学―ケアの倫理をグローバル社会へ』みすず書房

齋藤純一（2012）「デモクラシーにおける理性と感情」齋藤純一・田村哲樹編『アクセ

ス　デモクラシー論』pp.178–199. 日本経済評論社

坂野達郎・澁谷壮紀 (2016)「高レベル放射性廃棄物処分に関する討論型世論調査実験
　　―オンラインでの小集団討議の効果について」日本政治学会 2016 年度研究大
　　会分科会 E‒3『『熟議民主主義』研究の理論と方法」報告論文

田村哲樹 (2008)『熟議の理由―民主主義の政治理論』勁草書房

田村哲樹 (2010a)「熟議民主主義における『理性と情念』の位置」『思想』1033:
　　pp.152–171.

田村哲樹 (2010b)「親密圏における熟議／対話の可能性」田村哲樹編『政治の発見 5
　　語る―熟議／対話の政治学』pp.47–79. 風行社

田村哲樹 (2015a)「『民主的家族』の探究―方法論的ナショナリズムのもう一つの超え
　　方」『法政論集』(名古屋大学)262: pp.15–37.

田村哲樹 (2015b)「ソーシャル・キャピタルと熟議民主主義」坪郷實編『福祉＋α
　　ソーシャル・キャピタル』pp.42–51. ミネルヴァ書房

田村哲樹 (2016)「熟議民主主義と集団政治―利益団体・アソシエーション・集合性の
　　構成」宮本太郎・山口二郎編『リアル・デモクラシー―ポスト「日本型利益政
　　治」の構想』pp.189–216. 岩波書店

田村哲樹 (2017a)「『新しい政治学』は確立されたか―小野政治学における政治＝国家
　　図式の残存」『法政論集』(名古屋大学)269: pp.29–52.

田村哲樹 (2017b)『熟議民主主義の困難―その乗り越え方の政治理論的考察』ナカニシ
　　ヤ出版

ハーバーマス, ユルゲン (1983＝2000)三島憲一・中野敏男・木前利秋訳『道徳意識と
　　コミュニケーション行為』岩波書店

日暮雅夫 (2008)『討議と承認の社会理論―ハーバーマスとホネット』勁草書房

フィシュキン, ジェイムズ (2009＝2011)曽根泰教監修、岩木貴子訳『人々の声が響き
　　合うとき―熟議空間と民主主義』早川書房

フィンリースン, ジェームズ・ゴードン (2005＝2007)村岡晋一訳『ハーバーマス』岩
　　波書店

柳瀬昇 (2015)『熟慮と討議の民主主義理論―直接民主制は代議制を乗り越えられる
　　か』ミネルヴァ書房

山田竜作 (2010)「現代社会における熟議／対話の重要性」、田村哲樹編『政治の発見 5
　　語る―熟議／対話の政治学』pp.17–46. 風行社

湯本真純 (2015)「政治的主体としての発達障害者―熟議デモクラシー論の陥穽とコ
　　ミュニケーション障害」『常盤台人間文化論叢』1: pp.69–84.

レヴィーン, ピーター／アーチョン・ファン／ジョン・ギャスティル (2013)「市民によ
　　る熟議の未来に向けて」ジョン・ギャスティル／ピーター・レヴィーン編(津

富宏・井上弘貴・木村正人訳監訳)『熟議民主主義ハンドブック』pp.352–375. 現代人文社

Chambers, Clare and Phil Parvin (2013) What Kind of Dialogue Do We Need? Gender, Deliberation and Comprehensive Values, in Jude Browne (ed.) *Dialogue, Politics and Gender*, pp.198–226. Cambridge University Press.

Chambers, Simone (2009) Rhetoric and the Public Sphere: Has Deliberative Democracy Abandoned Mass Democracy?, *Political Theory*, 37 (3): pp.323–350.

Dobson, Andrew (2014) *Listening for Democracy: Recognition, Representation, Reconciliation*, Oxford University Press.

Dryzek, John S. (2000) *Deliberative Democracy and Beyond: Liberals, Critics, Contestations*, Oxford University Press.

Dryzek, John S. (2010) *Foundations and Frontiers of Deliberative Governance*, Oxford University Press.

Nishiyama, Kei (2017) Deliberators, not Future Citizens: Children in Democracy, *Journal of Public Deliberation*, 13 (1) Article 1: pp.1–24.

Parkinson, John and Jane Mansbridge (eds.) (2012) *Deliberative Systems: Deliberation at the Large Scale*, Cambridge University Press.

Tamura, Tetsuki (2014) Rethinking Grassroots Participation in Nested Deliberative Systems, *Japanese Political Science Review*, 2: pp.63–87.

Young, Iris M. (1996) Communication and the Other: Beyond Deliberative Democracy, in Seyla Benhabib (ed.) *Democracy and Difference: Contesting the Boundaries of the Political*, pp.120–135. Princeton University Press.

Young, Iris M. (2000) *Inclusion and Democracy*, Oxford University Press.

執筆者紹介（論文掲載順）

村田和代（むらた　かずよ）（編者）

龍谷大学政策学部教授

（主著・主論文）"An Empirical Cross-cultural Study of Humour in Business Meetings in New Zealand and Japan" *Journal of Pragmatics* 60（Elsevier、2014 年）、*Relational Practice in Meeting Discourse in New Zealand and Japan*（ひつじ書房、2015 年）、『共生の言語学』（編著、ひつじ書房、2015 年）、『雑談の美学』（共編著、ひつじ書房、2016 年）、"Humor and Laughter in Japanese Business Meetings", in H. Cook and J. Shibamoto-Smith.（eds.）*Japanese at Work: Politeness, Power, and Personae in Japanese Workplace Discourse*（Palgrave Macmillan、2018 年）。

井関崇博（いせき　たかひろ）

兵庫県立大学環境人間学部准教授

（主著・主論文）「地域イノベーションのプロセスに関する研究」『兵庫県立大学環境人間学部研究報告』(19)（兵庫県立大学、2017 年）、「〈みんなではじめる〉ためのコミュニケーション・デザイン」『持続可能な地域実現と大学の役割（地域公共人材叢書第 3 期）』（共著、日本評論社、2014 年）。

小宮友根（こみや　ともね）

東北学院大学経済学部准教授

（主著・主論文）『実践の中のジェンダー』（新曜社、2011 年）、「裁判員は何者として意見を述べるか」『法社会学』79（日本法社会学会、2013 年）、『概念分析の社会学 2』（共編著、ナカニシヤ出版、2017 年）。

森 篤嗣(もり　あつし)

京都外国語大学外国語学部教授

(主著)『日本語教育文法のための多様なアプローチ』(共編著、ひつじ書房、2011 年)、『授業を変えるコトバとワザ』(くろしお出版、2013 年)、『ニーズを踏まえた語彙シラバス』(編著、くろしお出版、2016 年)。

荒川 歩(あらかわ　あゆむ)

武蔵野美術大学造形学部准教授

(主著)『〈境界〉の今をたどる─身体から世界空間へ・若手一五人の視点』(共編著、東信堂、2009 年)、『「裁判員」の形成、その心理学的解明』(ratik、2014 年)、『市民の声が育てる法律家 市民参加型模擬法律相談の試み』(共編著、ぎょうせい、2017 年)。

杉山武志(すぎやま　たけし)

兵庫県立大学環境人間学部准教授

(主論文)「『創造農村』に関する概念的検討に向けて─地理学的視点からの提起」『人文地理』(67)（人文地理学会、2015 年)、「コミュニティ概念の本質をめぐる地理学的序説─『まちづくり』との差異に着目しながら」『兵庫県立大学環境人間学部研究報告』(20)（共著、兵庫県立大学、2018 年)、「グローバル中間層の女性のワーク・ライフ・バランスをめぐる『学びあい』─"German Japanese Professional Women's Network" の取り組み」『兵庫地理』(63)（兵庫地理学協会、2018 年)。

青山公三(あおやま　こうぞう)

龍谷大学大学院政策学研究科教授／京都府立大学京都地域未来創造センター副センター長

(主著・主論文)『最新エリアマネジメント─街を運営する民間組織と活動財源』(共著、学芸出版社、2015 年)、『地域創生の最前線─地方創生から地域創生へ』(共著、公人の友社、2016 年)、「アメリカの都市圏における広域連携・広域調整」『地域開発』(617)（日本地域開発センター、2017 年)。

加納隆徳(かのう　たかのり)

秋田大学教育文化学部講師

(主著・主論文)「アメリカ及びオーストラリアの法教育教材の分析―高等学校における法教育の教材への提言として」『日本高校教育学会年報』(16)(日本高校教育学会、2009年)、「トランスサイエンス的な学習を通じた合意形成能力育成の授業実践―教科間連携を通じて育成する対話力」『中等社会科教育』(32)(中等社会科教育学会、2013年)、『現代社会』(共編著、東京書籍、2017年)。

土山希美枝(つちやま　きみえ)

龍谷大学政策学部教授

(主著)『高度成長期「都市政策」の政策過程』(日本評論社、2007年)、『「質問力」でつくる政策議会』(公人の友社、2017年)、『公共政策学』(共著、ミネルヴァ書房、2018年)。

篠藤明徳(しのとう　あきのり)

別府大学文学部教授

(主著・主論文)「まちづくりと新しい市民参加―ドイツのプラーヌンクスツェレの手法」(イマジン出版、2006年)、「計画細胞会議―メンバーを入れ替えながらの少人数討議」『討議デモクラシーの挑戦』(共著、岩波書店、2012年)、"Deliberatives Bürgerforum in Japan: Ein Kompaktmodell?" in Hans-Liudger Dienel, Kerstin Franzl, Raban D. Fuhrmann, Hans J. Lietzmann, Antoine Vergne (Hrsg.) *Die Qualität von Bürgerbeteiligungsverfafahren* (Franz Steiner Verlag、2014年)。

坂野達郎(さかの　たつろう)

東京工業大学環境・社会理工学院教授

(主著・主論文)「第1章　計画組織設計理論―組織の計算理論的アプローチ」『公共システムの計画学』(技法堂出版、2000年)、「第1章　討議型世論調査(DP)―民意の変容を世論調査で確かめる」『討議民主主義の挑戦』(岩波書店、2012年)、「第16章　討議型世論調査―反実仮想の世論形成装置」『ソーシャルメディアと〈世論〉形成』(東京電機大学出版局、2017年)。

佐野 亘（さの　わたる）

京都大学大学院地球環境学堂教授

（主著・主論文）『公共政策規範』（ミネルヴァ書房、2010 年）、『公共政策学』（共著）（ミネルヴァ書房、2018 年）、「規範的政策分析の確立に向けて」『公共政策研究』(13)（日本公共政策学会、2013 年）。

田村哲樹（たむら　てつき）

名古屋大学大学院法学研究科教授

（主著）『ここから始める政治理論』（共著、有斐閣、2017 年）、『熟議民主主義の困難——その乗り越え方の政治理論的考察』（ナカニシヤ出版、2017 年）、“Deliberative Democracy in East Asia: Japan and China,” in André Bächtiger, John S. Dryzek, Jane Mansbridge, and Mark E. Warren（eds.）*The Oxford Handbook of Deliberative Democracy*（共著、Oxford University Press）。

シリーズ　話し合い学をつくる　2

話し合い研究の多様性を考える

Studies on 'Hanashiai' Volume 2

Exploring 'Hanashiai' from Various Perspectives

Edited by Kazuyo Murata

発行	2018 年 9 月 20 日　初版 1 刷
定価	3200 円＋税
編者	© 村田和代
発行者	松本功
装丁者	渡部文
印刷・製本所	三美印刷株式会社
発行所	株式会社 ひつじ書房

〒 112-0011 東京都文京区千石 2-1-2 大和ビル 2 階
Tel.03-5319-4916　Fax.03-5319-4917
郵便振替 00120-8-142852
toiawase@hituzi.co.jp　http://www.hituzi.co.jp/

ISBN978-4-89476-929-8

造本には充分注意しておりますが、落丁・乱丁などがございましたら、
小社かお買上げ書店にておとりかえいたします。ご意見、ご感想など、
小社までお寄せ下されば幸いです。

ひつじ市民新書 001

市民の日本語 NPO の可能性とコミュニケーション

加藤哲夫著　定価 695 円＋税

ひつじ市民新書 002

市民教育とは何か ボランティア学習がひらく

長沼豊著　定価 695 円＋税

シリーズ　フィールドインタラクション分析　1

多職種チームで展示をつくる
日本科学未来館『アナグラのうた』ができるまで

　高梨克也監修　高梨克也編　定価 3,200 円＋税

相互行為におけるディスコーダンス
言語人類学からみた不一致・不調和・葛藤

　武黒麻紀子編　定価 3,200 円＋税

会話分析の基礎
　高木智世・細田由利・森田笑著　定価 3,500 円＋税

シリーズ 話し合い学をつくる 1

市民参加の話し合いを考える

村田和代編 定価 2,400 円＋税

市民の日本語へ 対話のためのコミュニケーションモデルを作る

村田和代・松本功・深尾昌峰・三上直之・重信幸彦著
定価 1,400 円＋税

共生の言語学 持続可能な社会をめざして

村田和代編 定価 3,400 円＋税

雑談の美学 言語研究からの再考

村田和代・井出里咲子編 定価 2,800 円＋税

Hituzi Language Studies No.1

Relational Practice in Meeting Discourse in New Zealand and Japan

村田和代著 定価 6,000 円＋税